ACCIDENTS

DE CHEMINS DE FER

313. — Imprimerie du Corps Législatif, Poupart-Davyl et Cᵉ, rue du Bac, 30.

ACCIDENTS

DE

CHEMINS DE FER

PAR G. BISSON

Ancien Élève mécanicien au Chemin de fer du Nord

PUBLIÉS ET ANNOTÉS

Par le B^{on} DE JANZÉ, Député

PARIS

FRÉDÉRIC HENRY, LIBRAIRE-ÉDITEUR

GALERIE D'ORLÉANS, 12, PALAIS-ROYAL

—

1865

AVANT-PROPOS

————

Le 4 avril dernier, j'écrivais au rédacteur en chef de *l'Époque* la lettre suivante :

« Je lis dans votre numéro d'aujourd'hui le récit d'un accident qui, s'il fût arrivé à un train de voyageurs, aurait eu de terribles conséquences, et qui n'a d'autre cause que le mauvais état d'entretien de la voie sur la ligne du Nord.

« L'année dernière, un de mes collègues a signalé à l'attention du pays et du gouvernement l'insuffisance du personnel sur cette même ligne et la durée excessive du travail imposé aux employés de qui dépendent la sûreté et l'existence même de tant de milliers de voyageurs.

« Je pourrais à mon tour vous rappeler, sans remonter au delà du 1ᵉʳ mars dernier, deux déraillements survenus, l'un à Boves, l'autre près de Breteuil, par suite du mauvais état du matériel roulant, et une collision arrivée à Pontoise, sans autres causes que l'insuffisance du matériel fixe et l'inexpérience du mécanicien.

« Je réserve ces détails pour un travail que je compte publier le mois prochain, et dans lequel je démontrerai que sur nos lignes de chemin de fer des accidents presque journaliers sont provoqués par le mauvais état de la voie et du matériel, et par l'insuffisance d'un personnel trop peu rétribué et trop accablé de besogne.

« Contrairement à l'exemple que vous donnent la plupart des journaux de Paris et des départements, vous ouvrez vos colonnes au récit des accidents provoqués par les misérables économies cherchées par les Compagnies, et aux réclamations légitimes formulées contre l'application de tarifs arbitraires.

« Je viens vous prier, Monsieur le Rédacteur en chef, de vouloir bien vous associer à la croisade que je veux commencer dès aujourd'hui contre nos grandes Compagnies de chemins de fer, dont la puissance anonyme et immense se rit des injonctions du Gouvernement, des règlements destinés à sauvegarder nos intérêts et nos existences, de la surveillance d'un contrôle illusoire et des vaines réclamations du public traité en gent corvéable et taillable à merci.

« Je vous demande donc aujourd'hui de déclarer que votre journal est une tribune ouverte à toutes les réclamations légitimes étouffées jusqu'ici, et, de mon côté, soit par la voie de la presse, soit à la tribune, je me ferai l'organe des graves et sérieux intérêts lésés par cette puissance occulte des Compagnies, qui est parvenue jusqu'ici à faire le silence sur ses actes les plus répréhensibles et sur ses abus les plus criants. »

En réponse à cette lettre, M. Feydeau s'étant empressé de déclarer que son journal était et resterait une tribune ouverte à toutes les réclamations sérieuses, j'ai pu, avec le concours de MM. *Borde*, ingénieur; *Léonard*, avocat; *Bisson*, ex-élève mécanicien au chemin du Nord; *Boutaud*, ancien sous-chef de gare sur la ligne de Lyon, etc., poursuivre dans *l'Époque* la campagne que j'annonçais contre les abus des Compagnies de chemin de fer.

Le 4 mai, l'interprétation erronée donnée par quelques personnes à la phrase finale d'un des articles publiés par moi dans *l'Époque* m'amenait à écrire à M. Feydeau une seconde lettre ainsi conçue :

« Quelques personnes ont mal compris le sens de la dernière phrase de mon article du 30 avril, et un de mes amis m'a demandé si, en déclarant ma tâche finie, je n'abandonnais pas avant l'heure la croisade à laquelle je vous avais convié.

« Voici cette phrase :

« En montrant au public ce qu'exige le soin de sa « sûreté, et en rappelant au Gouvernement quelle est « l'étendue de son pouvoir sur les Compagnies, nous « croyons avoir rempli un devoir. *Notre tâche à nous* « *finit ici. Caveant consules.* »

« Cette mise en demeure de l'administration ne nous semblait pas susceptible de l'interprétation qu'on a cru pouvoir lui donner.

« Quoi qu'il en soit, je ne crois pouvoir mieux l'écarter qu'en rappelant les termes de l'engagement pris par moi le 4 avril en provoquant la déclaration si nette que vous avez bien voulu faire; voici cet engagement :

« Quant à moi, soit par la voie de la presse, soit à la
« tribune, je me ferai l'organe des graves et sérieux in-
« térêts lésés par cette puissance occulte des Compa-
« gnies, qui est parvenue jusqu'ici à faire le silence sur
« ses actes les plus répréhensibles et sur ses abus les
« plus criants. »

« Cet engagement, je le tiendrai jusqu'au bout, et je l'ai tenu jusqu'ici autant qu'il m'a été possible de le faire, grâce à votre infatigable concours.

« Le 9 avril, j'écrivais à M. de Girardin :

« J'ai cru devoir, il y a quelques jours, signaler à
« M. le Rédacteur en chef de *l'Époque* les dangers que
« faisait courir au public cette conspiration du silence,
« ourdie entre les Compagnies de chemins de fer et les
« principaux organes de la publicité. M. Feydeau a
« loyalement répondu à mon appel et il a déclaré, avec
« un courage qu'on ne saurait trop louer, que son jour-
« nal était et resterait une tribune ouverte à toutes les
« réclamations légitimes contre les fautes et les abus des
« Compagnies. Son exemple ne sera-t-il pas suivi et sa
« déclaration sera-t-elle la seule que j'aurai réussi à

« provoquer dans la presse parisienne? Votre journal,
« qui se trouve placé dans des conditions exception-
« nelles d'indépendance financière, et qui a toujours ac-
« cordé le bénéfice de sa publicité aux controverses de
« vos contradicteurs, refusera-t-il de se faire, lui aussi,
« le porte-parole du public, lésé chaque jour dans ses in-
« térêts, menacé sans cesse dans sa sécurité et ne pou-
« vant réclamer, comme le ferait le dernier des crimi-
« nels, un avocat d'office? »

« M. de Girardin n'ayant pas jugé à propos de répondre à ma lettre, et les autres journaux ayant, comme
la Presse, gardé le plus profond silence sur la campagne
engagée par vous contre les abus des Compagnies de
chemins de fer, je n'ai pas cru devoir faire de nouvelle
tentative de ce genre.

« Je savais d'avance qu'elle eût été inutile.

« En effet, grâce aux droits excessifs de timbre dont
le grève la législation actuelle, chaque journal dépend
d'une société financière dont les intérêts sont plus ou
moins communs avec ceux des Compagnies de chemins
de fer, et cette société financière a la haute main sur les
rédacteurs du journal (1). Quant à ceux-ci, les Compa-

(1) Les banquiers qui font partie des conseils d'administration des
Compagnies de chemins de fer disposent d'annonces pouvant rapporter
à un journal jusqu'à 10. 15 ou 20,000 francs ; on comprend de quel
poids peut peser un pareil argument en faveur du silence réclamé par
les Compagnies, alors que cet argument est présenté aux journaux par
la régie des annonces.

gnies s'assurent de leur indulgente et silencieuse bien-
veillance en leur délivrant des passes gratuites pour parcourir notre réseau de voies ferrées de Brest à Marseille,
de Dunkerque à Bayonne. Voilà ce que j'ai fait pour
remplir la première partie de mon engagement; voici
maintenant où j'en suis en ce qui concerne ma campagne au Corps Législatif.

« Tous les abus que vous avez signalés dans l'application des tarifs, toutes les inexécutions de règlement
que vous avez indiquées comme mettant en péril l'existence des voyageurs *ne tiennent qu'à une seule cause, à
l'absence de surveillance.*

« J'ai donc présenté à la Commission du budget un
amendement dont le but est d'arriver à une réorganisation complète du service de contrôle et de surveillance
des chemins de fer, et j'ai eu l'honneur de défendre hier
devant elle cet amendement important.

« Si vous voulez bien, comme par le passé, m'accorder la libérale hospitalité de vos colonnes, je pourrai
surabondamment prouver au public *que tout le mal est
dans le défaut de surveillance,* et que le service de contrôle et de surveillance des chemins de fer est organisé
de façon à ne donner au public qu'une satisfaction complétement illusoire et purement nominale. »

Aujourd'hui je publie le travail de **M. *Bisson*,** que les
lecteurs de *l'Époque* connaissent déjà; mais la nature
spéciale de ce travail a fait négliger à son auteur des

points importants qui ne rentraient pas dans son cadre,
et de plus les faits relevés par lui sont à la charge de la
seule Compagnie du Nord. Nous avons donc cru devoir
joindre à ce travail des notes complémentaires, soit pour
traiter les points passés sous silence, soit pour géné-
raliser les reproches faits par M. Bisson à la Compagnie
du Nord, en les rapprochant de faits analogues repro-
chables à toutes les Compagnies indistinctement. Ce que
le public réclame à bon droit des Compagnies de chemins de fer, c'est qu'elles garantissent la sécurité des
voyageurs de la manière la plus complète, en ce sens que
rien ne soit ajouté par la faute ou la négligence des
Compagnies à ces chances fatales qui, dans l'exploitation des voies ferrées comme dans toutes les choses de ce
monde, peuvent déjouer toute prévoyance.

Un chemin de fer se compose d'une voie, d'un matériel
et d'un personnel; la voie peut subir un affaissement
accidentel, des rails en bon état peuvent se briser dans
une courbe, lors du passage d'un train; une pièce essen-
tielle du matériel roulant en parfait état peut éprouver une
avarie en pleine marche; une aiguille, un disque, une
plaque tournante peuvent par hasard ne pas fonctionner
et amener un malheur; le mauvais vouloir, la faute ou
l'inattention même momentanée d'un seul des agents
chargés du service de la voie ou de la direction des trains
peuvent, à un moment donné, amener une catastrophe.

Voilà les chances fatales, déjouant toute prévoyance,
contre lesquelles le public ne peut prétendre que les

Compagnies de chemins de fer le garantissent à quelque degré que ce soit.

Voici maintenant les garanties qu'il a le droit d'exiger d'elles :

1º Que la voie soit toujours maintenue en bon état de viabilité, toujours libre et dégagée de tout obstacle lors du passage des trains; que les ouvrages soient d'art d'une solidité parfaite et établis dans de telles conditions que ce ne soit pas un arrêt de mort pour les voyageurs ou pour les employés de mettre la tête à la portière ou de se pencher pour les besoins du service en dehors d'une guérite de vigie ou d'une locomotive;

2º Que les machines et le matériel roulant soient toujours en parfait état; qu'aucune collision n'arrive entre les trains par suite d'irrégularité de marche, de surcharge des machines, d'interversion dans l'ordre des trains, etc. ; qu'aucun déraillement ne se produise par excès de vitesse, qu'une surveillance active et incessante s'exerce pendant la marche sur chaque voiture du train, sur chaque compartiment des wagons à voyageurs;

3º Que les agents chargés du service de la voie ou de la direction des trains soient à la hauteur de la mission qui leur est confiée; qu'ils soient suffisamment rétribués pour pouvoir vivre eux et leurs familles du traitement qui leur est alloué; qu'ils soient enfin en nombre suffisant pour n'avoir point à faire un service trop pénible et trop prolongé, à la suite duquel la fatigue rendrait inutile la capacité qui serait exigée d'eux.

Les Compagnies donnent-elles aujourd'hui au public ces légitimes et nécessaires garanties de sécurité que nous sommes en droit d'exiger d'elles?

Je n'hésite pas à répondre négativement, et quiconque aura lu jusqu'au bout le travail que nous publions aujourd'hui ne pourra s'empêcher d'avouer que les dangereuses économies des Compagnies et l'inexécution presque constante des règlements ajoutent de nouvelles et nombreuses chances de malheurs à ces chances fatales et inéluctables qui déjouent toute prévoyance humaine.

25 Mai 1865.

Baron DE JANZÉ.

VOIE — MATÉRIEL FIXE — OUVRAGES D'ART

(Annexe au travail de M. Bisson)

VOIE

En ce qui concerne la voie, nous disaient l'an dernier MM. les Commissaires du Gouvernement, *aucune de ses parties n'est livrée au public qu'après avoir été minutieusement visitée par une commission composée d'inspecteurs et d'ingénieurs soit des ponts et chaussées soit des mines.*

En d'autres termes, les voies sont établies dans d'excellentes conditions, leur tracé n'a aucun vice, les courbes sont sagement ménagées, les pentes sont modérées et ne sont pas trop prolongées, les remblais sont faits dans des terrains consistants et de nature à ne provoquer aucun affaissement dangereux, enfin tout est pour le mieux dans le meilleur des mondes possibles.

« Les remblais sont sans accotements ni contre-rails, m'écrit un ancien inspecteur des chemins de fer ; les rails sont fixés de distance en distance par des coins de bois dans des supports établis sur des traverses ensevelies dans un gravier mouvant. On se contente d'attacher ces supports sur des traverses par de simples chevilles qui sont enfoncées à grands coups de marteau dans les traverses, au risque presque toujours certain de les fendre... C'est pourtant sur cette voie établie d'une façon si peu durable qu'on fait courir à quatre-vingts kilomètres à l'heure de pesantes machines dont la direction n'est garantie que par le parallélisme des essieux, la solidité des roues et un rebord de jante de quelques centimètres. »

Que dit M. *Borde*, ingénieur civil, conseiller général des Bouches-du-Rhône ?

« Les voies non nivelées, non dressées et dont le surhaussement du rail excentrique n'est pas proportionné au rayon de la courbe sont des causes de déraillement... Les déraillements sont aussi occasionnés par les vices des tracés, qui consistent en des pentes et rampes sans paliers droits entre les deux pentes, égalant au moins la longueur du train, et des courbes et contre-courbes sans alignements droits entre les deux courbes : *c'est à l'une de ces deux causes que l'on a dû le fameux accident de Fampoux...* Le déraillement de Saint-Chamas a eu lieu également dans une courbe et contre-courbe sans alignement droit ; si à des causes aussi radicalement défectueuses la négligence vient se joindre, à un moment donné, des trains rapides de Paris à Lyon il ne restera que des débris. »

Veut-on quelques faits à l'appui ? Nous commençons

par la lettre écrite le 6 novembre 1864, par le comte
A. de la Guéronnière :

« A une heure et demie, ce matin, un déraillement a
eu lieu dans le train-omnibus allant de Paris à Limoges,
où se trouvaient de nombreux voyageurs. Il venait de
quitter Chabenet, station qui précède Argenton, et il
abordait, par une courbe, la rampe qui borde le vallon.

« *Un rail, à ce qu'il paraît, s'est brisé* dans ce moment
sur le passage du convoi. Aussitôt l'oscillation est devenue
très-marquée, c'était le va-et-vient d'un vaisseau désem-
paré. On était hors la voie. La muraille qui borde la
profonde vallée, et qui sert de barrière contre l'abîme, a
été renversée dans un parcours de vingt et un mètres.

« Déjà on entendait de tous côtés des cris confus au
milieu des dispositions de quelques voyageurs à s'élancer
.(toujours terrible imprudence de la peur!), lorsque le
mécanicien a trouvé moyen d'arrêter la marche folle en
serrant le frein. Il a fallu à ce brave homme, dans la
main duquel se trouvaient la vie et le bonheur de tant de
personnes et de familles, autant de présence d'esprit que
d'habileté.

« Grâce à la promptitude de cette manœuvre, tout a
été sauvé. Les voyageurs sont unanimes dans l'expression de leur reconnaissance pour ce mécanicien, qui a eu
un à-propos vraiment salutaire. Une ou deux secousses
de plus, il s'ensuivait un horrible sinistre. »

Citons une circulaire ministérielle en date du 1ᵉʳ mai
1857, qui prouve la fréquence de ce genre d'accidents.
Voici comment s'exprime M. le Ministre des travaux publics:

« Les ruptures de rails sont l'une des causes *les plus fréquentes* des déraillements qui surviennent dans l'exploitation des chemins de fers, et ces ruptures elles-mêmes *proviennent le plus souvent de l'état de vétusté des rails*, que l'on a retournés après l'usure ou l'exfoliation de l'un des deux champignons. »

Accident de Beaucaire, 6 personnes tuées :

Le Commissaire du Gouvernement, l'ingénieur du contrôle, le procureur impérial et le juge d'instruction s'accordent tous à mettre au nombre des causes de l'accident : *la mauvaise disposition de la voie, la rapidité des pentes, l'existence de courbes n'ayant pas le développement nécessaire et de talus sans garde-fou.*

Chemin de Bully-Grevay. — *Pente de 25 millimètres;* accident de 1863, 10 wagons brisés.

Accident du tunnel de Thiviers, 15 novembre 1862. — Collision, 2 tués : — Le train de marchandises s'était coupé au changement de voie des aiguilles, et *la queue de ce train était descendue vers le tunnel, par une pente de 10 millimètres, à la rencontre du train de voyageurs.*

Accident de Montluçon, 9 juin 1864 :

Un train formé de 15 wagons s'était arrêté près de Commentry (*à 14 kilomètres de Montluçon*) pour compléter son chargement; une chaîne d'attelage se rompt et 10 wagons se séparent du frein et descendent vers Montluçon. Leur rapidité allait croissant avec la vitesse acquise, et ils tombent à la gare de Montluçon sur un convoi de marchandises en formation. Le désordre, le bruit et les dégâts occasionnés par la violence du choc sont impossibles à décrire. Des wagons brisés, broyés, plusieurs empilés les uns sur les autres ; les rails, les pierres et les débris de wagons volant de tous côtés peuvent donner une idée de ce triste événement.

Que fût-il arrivé, si un train de voyageurs se dirigeant vers Commentry eût rencontré ces wagons revenant avec la rapidité de la foudre ?

Remblai de la Faux, dans une vallée au delà de Rethel, sur un sol marécageux (chemin des Ardennes).

En 1858, peu de mois après l'ouverture, premier tassement, interruption du service. — En 1859, nouveau tassement. — En 1860, l'une des deux voies glissa sous l'autre, les terres s'effondrèrent de chaque côté de la voie ; la courbe opérée par le tassement était de 50 centimètres, sur une longueur de 120 mètres environ.

Il était une heure du matin quand un train se présenta ; le train voulut franchir l'obstacle, mais il revint sur lui-même et fit sur la voie le mouvement de balançoire qui rappelle le jeu des montagns russes. A trois reprises il tenta le passage, le feu jaillissait des rails, et les voyageurs renfermés dans leurs compartiments poussaient en vain des cris d'épouvante ; ce ne fut qu'à la troisième fois, en lançant le train à toute vitesse, et au risque de tout faire sauter, qu'on parvint à franchir l'obstacle.

Les mêmes causes peuvent amener un nouveau tassement; le viaduc aurait-il coûté davantage que le remaniement et l'entretien de ce remblai, si dangereux pour la sécurité des voyageurs?

ENTRETIEN DE LA VOIE.

Après l'ouverture de la ligne, disent encore MM. les Commissaires du Gouvernement, des ingénieurs de l'État sont spécialement chargés d'en surveiller l'exécution. Ils ajoutent que, *depuis un grand nombre d'années, on ne pourrait citer un seul accident provenant du mauvais état de la voie.* — (Explications fournies au Corps Législatif, rapport de M. de Voize, 1864.)

« *Rien n'est plus négligé que l'entretien des voies.* La surveillance en est abandonnée à des agents subalternes, tels que piqueurs et chefs d'équipe. Bien rarement les ingénieurs du contrôle se rendent compte par eux-mêmes de ce service. Ils considèrent la voie comme un travail élémentaire; ils oublient que, pour bien l'entretenir, il faut une sollicitude constante et que toute la sécurité des voyageurs en dépend.

On lit de temps en temps dans un journal : « Le retard de tel train a été motivé par la rupture d'un essieu, etc. » Les Compagnies croient avoir mis leur responsabilité à couvert, quand elles ont aussi laconiquement expliqué un accident; mais ce qu'elles ne disent pas, c'est que quatre-vingt-dix fois sur cent ces accidents ont pour cause le mauvais état des voies.

« C'est à la voie seule qu'il faut imputer ces accidents, car son mauvais état casse les roues, coupe les essieux, brise les ressorts, les caisses, fait dérailler les trains et amène ainsi de graves catastrophes.

« BORDE. »

Qui a raison de MM. les commissaires du Gouvernement ou de M. Borde? Les faits vont nous le dire.

« Le 8 octobre 1863, j'ai pris le train rapide partant de Paris à 7 heures 45 minutes. Le train descendait le 12 à 11 heures 45 minutes les pentes de Saint-Chamas à Berre ; la vitesse acquise par ce train était extraordinaire ; était-elle réglementaire *à raison de ces pentes?* Nous l'ignorons.

« Arrivé dans les petites tranchées qui suivent le viaduc de Saint-Chamas, une secousse terrible a eu lieu. J'étais dans le dernier compartiment du wagon attaché directement au wagon-poste. J'ai immédiatement voulu me rendre compte de ce qui se passait, et je me suis aperçu que le wagon-poste et le wagon de frein fermant la marche du train étaient déraillés. J'entendais les cris des agents des postes, et, à chaque choc, le wagon dans lequel je me trouvais semblait vouloir dérailler aussi. Tout le monde criait, et cependant la vitesse acquise était toujours la même. Enfin le mécanicien a fini par s'apercevoir de l'accident ; il a sifflé aux freins, et quelques instants après le convoi s'arrêtait.

« Je me suis dirigé, en remontant la voie jusqu'au

2

point où le déraillement avait eu lieu, et j'ai pu constater les causes ci-après :

« Les traverses de la voie ont été changées sur un
parcours d'environ 5 kilomètres, *aucune de ces traverses n'était garnie.*

« L'accident a été provoqué *par l'instabilité des traverses ;* celles des points et des éclisses n'étaient pas
bourrées. Le train, rencontrant une voie mobile, faisait
l'effet d'un patineur inexpérimenté, toujours près de
tomber. La courbe de la voie se *déformait au fur et à
mesure de l'avancement de la machine ;* les wagons qui
suivaient roulaient sur une voie angulaire. — « L'impulsion du train *ripait* (c'est le terme employé pour le glis-
sement des voies) les traverses, tantôt de 20 centimètres
à droite, tantôt de 20 centimètres à gauche.

« En résumé, cette voie n'était ni mieux posée ni mieux
assise qu'une voie de terrassement, et *il était matériel-
lement impossible qu'il n'arrivât aucun accident dans
de pareilles conditions.* — « La machine elle-même devait tomber, et alors nous aurions vu la répétition du
récent épisode du chemin de fer de Tarascon.

« Borde. »

« Le train express parti de Paris le 10 novembre 1863
arrivait le 11 à 5 heures 15 minutes du matin entre la
gare de Berre et Rognac. Je ne vous parlerai pas *des
secousses subies dans les wagons par le fait du mauvais
état des voies ;* je me bornerai à vous dire que, arrivés
là, nous trouvâmes, à quelques centaines de mètres

devant nous, un convoi de marchandises ayant quatre de ses wagons déraillés. Pendant notre arrêt forcé de 2 heures, deux autres trains, dont l'un omnibus et l'autre de marchandises, sont venus nous rejoindre dans notre stationnement sur la voie descendante. L'encombrement était considérable, et *près de cent wagons* étaient ainsi arrêtés.

« BORDE. »

M. Émile de Girardin dit de son côté : *« L'état de la voie sur le chemin de fer de Lyon à Marseille est si mauvais qu'il n'y a plus de sécurité pour les voyageurs.* J'étais dans le train parti de Paris le 10 novembre, j'ai été témoin du déraillement raconté par M. Borde. »

Ajoutons à ces témoignages celui de M. Peut, que nous trouvons dans une lettre adressée au *Courrier de Marseille*, le 5 novembre 1863 :

« Les cahots sont insupportables sur le chemin de Lyon ; les mouvements de lacet deviennent quelquefois effrayants ; dans certains moments les voitures oscillent affreusement en s'inclinant brusquement tantôt à droite, tantôt à gauche, de façon à faire croire qu'elles vont sortir des rails ; en un mot, on est constamment à redouter une catastrophe. »

A propos de deux autres déraillements survenus *à la fin de* 1863, l'un à Roquefavour, l'autre à Villeneuve-sur-Yonne, M. Borde fait remarquer que les locomotives, qui pesaient autrefois 26 à 28 tonnes, sont remplacées aujourd'hui par des machines de 36 à 40 tonnes, capables d'entraîner des convois monstrueux, mais qui éprouvent la voie, tassent les remblais et fatiguent les rails. — Il faut, dit-il, remédier au mal en augmentant ou la force des rails ou le nombre des traverses qui supportent les rails.

« Il est important de dire, ajoute-t-il, que certaines Compagnies n'ont ni prévu le mal, ni cherché à y porter remède, mais qu'elles se sont laissé aller à une économie coupable. La Compagnie de la Méditerranée change entre Avignon et Marseille l'ancienne voie, supportée par le coussinet ordinaire, et la remplace par des rails à éclisses. Cette modification est consacrée par l'expérience : c'est sans contredit un bon travail ; mais il n'est pas nécessaire d'être ingénieur, il n'est pas nécessaire de consulter les autorités en pareille matière pour juger de l'état des traverses remplacées. Pas une seule n'est enlevée du rail *sans tomber en poussière :* elles ont tellement souffert des intempéries qu'elles sont vermoulues et n'offrent plus aucune espèce de résistance. Nous soutenons que *les voies telles qu'elles sont ne peuvent plus même supporter l'entretien.* Le levier des chefs d'équipe ne peut plus faire aucun relevage sans couper les traverses par le milieu ; il faut donc les changer dans le plus bref délai, si l'on ne veut pas culbuter les trains de Paris sur les remblais ou dans les tranchées, si l'on ne veut pas, comme à Villeneuve-sur-Yonne, dérailler *pour cause de rupture de rail.* »

Rappelons ici un jugement du tribunal correctionnel

de Château-Thierry, en 1861, condamnant un ingénieur principal de la voie à 100 francs d'amende, à la suite du procès-verbal d'un conducteur des ponts et chaussées. Ce procès-verbal constatait que la section de Varennes à Dormans (ligne de l'Est) était dans un état de détérioration alarmant : *traverses pourries, rails usés et retournés, ballast très-mauvais*, etc.

Contentons-nous de rappeler quelques accidents survenus, par suite du mauvais état de la voie, à Ance en 1863, à Lérouville (Est) en 1861, à Nevers en 1860, etc., et hâtons-nous de conclure.

Reprenons cet enseignement de M. Borde : « Jusqu'à ce jour deux causes semblent avoir occasionné les déraillements : *le mauvais état des voies et le vice des tracés.* » — En le méditant, rappelons-nous qu'il n'y a pas de semaine où sur quelqu'une de nos voies ferrées des wagons ne déraillent ou, pour employer le langage plein d'euphémisme des Compagnies, ne *sortent des rails ;* que les ruptures de roues et d'essieux sont presque journalières, puisque, sur la seule ligne du Nord, la moyenne annuelle des essieux rompus est de 40 à 50, et que ces accidents proviennent du mauvais état de la voie qui casse les roues et brise les essieux (1).

Ne l'oublions pas, surtout quand MM. les Commissaires du Gouvernement ne craignent pas de nous affirmer

____

(1) D'autres causes accessoires, imputables au défaut de contrôle, peuvent encore amener la rupture des essieux ; c'est l'usage trop prolongé de ces essieux ou le défaut de graissage provenant du mauvais état des boîtes à graisse.

que, *depuis un grand nombre d'années*, on ne pouvait citer un seul accident provenant du mauvais état de la voie.

PLAQUES TOURNANTES

Nous verrons, plus loin, quels dangers résultent pour la sécurité des voyageurs de l'économie de plaques tournantes faite par certaines Compagnies. (Les machines, ne pouvant être retournées, reviennent le tender en avant, et le mécanicien ne peut plus voir ce qui se passe sur la voie.)

Cette absence de plaque tournante peut aussi avoir des dangers pour les hommes d'équipe employés dans les gares ; nous en trouvons la preuve dans un jugement condamnant la Compagnie du Nord à 1,500 fr. de dommages et intérêts et à une pension viagère de 400 fr. au profit d'un homme de peine, qui avait été blessé en faisant un travail pénible et dangereux, travail nécessité par le manque de plaque tournante. Le commissaire de surveillance *n'avait fait aucun rapport sur l'accident*, et le parquet fut obligé de demander au commissaire spécial un procès-verbal pour pouvoir instruire l'affaire ; quant à l'ingénieur du contrôle, il ne pensait pas qu'il y eût lieu de poursuivre, la victime ne portant pas plainte. (Affaire Bouniol. Tribunal correctionnel de la Seine, 18 novembre 1862.)

AIGUILLES EN POINTE

Dans tout chemin de fer à deux voies, l'une, celle de gauche, est spécialement affectée aux trains montants, et l'autre, celle de droite, aux trains descendants ; il s'ensuit que les trains ne devraient jamais se rencontrer tête à tête sur une même voie comme à Arras. Mais il est souvent avantageux et même nécessaire de relier ces deux voies entre elles. — Dans tous les endroits où les trains sont susceptibles de passer avec une certaine vitesse, il y a été pourvu d'une manière assez ingénieuse qui ne permet à aucun train de changer de voie *sans une volonté formelle et immédiate* et du mécanicien et de l'aiguilleur, sous la surveillance du conducteur. — Les jonctions sont, en effet, opérées comme ci-dessous, et un train lancé ne peut se rencontrer avec un autre qui soit lancé en sens inverse, puisque, pour changer de voie, il faut s'arrêter et refouler en arrière (volonté du mécanicien) et que l'aiguille soit ouverte au moment même (volonté de l'aiguilleur), puisque le train, en passant, l'aurait fermée, si elle eût été ouverte précédemment, — surveillance du conducteur qui, pendant ce temps d'arrêt, peut descendre de son fourgon et s'assurer que le passage est bien garanti des deux côtés par les signaux.

Fig. 1.

Malheureusement, cette position d'aiguilles n'est pas universellement appliquée. — Dans les grandes gares, où tous les trains s'arrêtent, où aucun train ne passe en vitesse, comme l'importance du trafic demande beaucoup de manœuvres, afin que les trains puissent se rendre à leur but sans s'arrêter et sans refouler, ce qui occasionnerait des pertes de temps, les aiguilles sont disposées en sens contraire, comme ci-contre, et au lieu de présenter aux trains leur sens longitudinal, comme ci-haut, elles leur présentent leur pointe, comme ci-contre, ce qui présente tous les inconvénients contraires aux avantages précités; inconvénients dangereux, mais dont le danger est restreint à cause du peu de vitesse dont sont doués les trains en arrivant en gare.

Fig. 2.

Un fait grave, c'est qu'il se trouvait à Arras une aiguille en pointe (*fig.* II), non pas dans l'intérieur de la gare, mais à 300 mètres environ de distance, endroit où est arrivé l'accident, là où les trains son encore doués d'une belle vitesse ou commencent à l'acquérir.

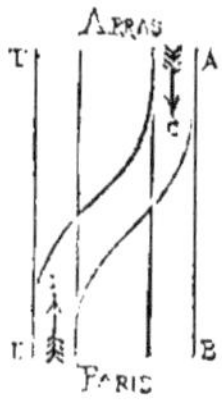

Un train de marchandises, partant sur la voie de service AB, d'Arras vers Paris, a rencontré, au point C, une aiguille en pointe ouverte qui lui a fait prendre la direction CD ; le mécanicien, qui commençait à se lancer, ne s'en est aperçu que lorsque, passé le point C, il s'est vu dévier, et il n'a pu s'arrêter avant de s'engager sur la voie ET, où arrivait, venant de Paris, un train de voyageurs avec la force nécessaire pour parcourir encore 3 ou 400 mètres. — Si les aiguilles avaient été

Fig. 3.

disposées comme dans la figure I, même en admettant l'aiguille ouverte, le train de marchandises l'aurait fermée en passant et eût continué directement son chemin. — Ce qui prouve, du reste, le défaut de cette installation, c'est *que cette aiguille a été supprimée* depuis. Mais, chose étrange ! plus près du centre de la gare, à l'entrée des voies de garage, il en existe encore une autre dans le même sens.

D'après ce qui précède, il est facile de voir qu'en principe les aiguilles en pointe sont toujours dangereuses, puisque par suite d'un oubli, qui peut avoir déjà quelques heures de date, un mécanicien peut être précipité sur une voie latérale sans sa volonté et sans celle de l'aiguilleur au moment même du changement de voie.

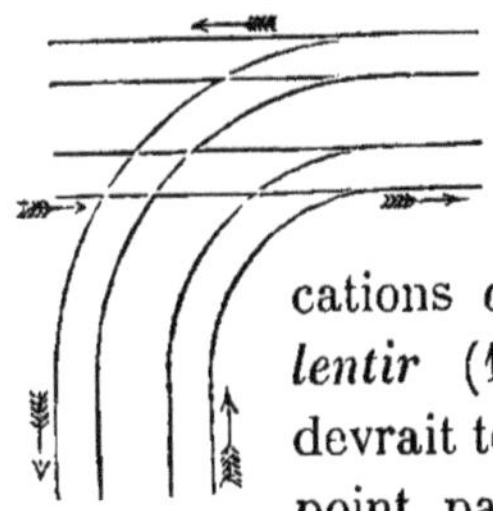

Excepté aux bifurcations de deux lignes où elles sont indispensables, comme on peut le voir par le petit tracé ci-contre, bifurcations *où tous les trains ont ordre de ralentir* (1) et où le service d'aiguilleurs devrait toujours être fait en double, et non point par un seul homme qu'un étourdissement ou une attaque peut enlever subitement à ses fonctions ; mais, excepté aux bifurcations, les aiguilles en pointe ne devraient jamais être tolérées.

(1) Rapport de la Commission d'enquête en 1863 : « La Commission a cherché à savoir si le ralentissement ordonné aux bifurcations était observé ; *elle a pu se convaincre que cette prescription n'était nulle part rigoureusement suivie.* »

TROTTOIRS

Le nombre de voitures fixé pour les trains de voyageurs était autrefois de 20, il est aujourd'hui de 24 ; la machine s'arrêtant pour faire de l'eau à la grue hydraulique placée en tête de chaque trottoir, 5 à 6 wagons se trouvent placés aujourd'hui en dehors du trottoir qui n'a pas été rallongé, et il est fort difficile de descendre dans de telles conditions. Aussi, arrive-t-il très-souvent que la nuit des voyageurs tombent sur la voie, soit qu'ils pensent descendre sur un quai beaucoup plus élevé, soit qu'ils se prennent les pieds dans les fils destinés à faire manœuvrer les disques.

VOIES DE GARAGE

Dans chaque gare il y a, outre les voies descendante et ascendante destinées au service des trains, des voies de garage servant aux manœuvres des wagons et des marchandises. Le plus souvent, par une économie mal entendue des Compagnies, ces voies de garage enclavent les voies de service et n'en sont séparées que par un espace de 1 mètre 80 centimètres seulement. Cette disposition mauvaise, qui a été modifiée à la gare de Batignolles, où les voies de garage ont été séparées des voies principales, amène dans les gares presque autant d'accidents que les manœuvres à l'anglaise. Si **M.** le Ministre des travaux publics consentait à publier les rapports si instructifs, quoique incomplets, de MM. les ingénieurs du contrôle, le public serait effrayé du nombre d'employés tués ou blessés chaque année dans les manœuvres de gare.

OUVRAGES D'ART

Sont-ils toujours d'une solidité parfaite et construits de façon à ne pas mettre en péril la vie des voyageurs et des employés ?

Le 1er avril dernier, un train de marchandises passait sur le pont dit de la Révolte (ligne du Nord) ; ce pont s'écroule subitement. Les neuf derniers wagons sont précipités dans un ravin assez profond, où ils s'amoncèlent les uns sur les autres avec un bruit effroyable.

Les ponts et les tunnels ont été établis originairement sur plusieurs lignes pour un matériel de dimensions moindres que celui qui est employé aujourd'hui sur nos voies ferrées. Aussi chaque année a-t-on à regretter la mort ou de mécaniciens qui se penchent *mal à propos* pour surveiller la marche de leurs machines, ou de conducteurs faisant le contrôle de route sur l'étroite planche extérieure placée le long des wagons, ou de voyageurs mettant inopportunément la tête à la portière. Voici quelques exemples, pris au hasard et sur différentes lignes, des accidents continuels provoqués par cette regrettable construction des ouvrages d'art :

« Sur le même point de la ligne de Nantes, quatre personnes ont été victimes de leur imprudence, *imprudence* qui avait consisté à mettre la tête à la portière à leur passage sous les ponts de Thouaré, près d'Ancenis. Le pilier d'un de ces ponts, dit de la Charbonnerie, n'est distant que de 1 m. 9 cent. de l'angle extérieur des rails ; les wagons, en passant, rasent donc ce pilier. »

« Sur la ligne de Bordeaux un conducteur, se penchant hors de sa guérite pour retirer son drapeau-signal, est frappé à la tête par la colonne d'un pont et précipité sur la voie, où il est tué roide. » (*Gazette des Tribunaux*, 31 mars 1861.)

« Au passage d'un pont très-étroit, sur le chemin de Montpellier à Cette, un chauffeur est renversé de dessus sa machine et lancé sur la voie où il est tué ; sa blouse s'était accrochée à un clou planté dans un des montants de bois de ce pont. » (*Gazette des Tribunaux*, décembre 1864.)

Sur le chemin de Versailles, rive droite, la Compagnie de l'Ouest a trouvé moyen de doubler ses bénéfices en établissant des places d'impériale sur ses wagons primitifs. Ces places sont protégées par un plafond qui empêche de se mettre debout, mais pour y arrriver en montant soit par des palettes, soit par des escaliers, il faut faire le tour de la voiture debout et en dehors de ce plafond protecteur. Qu'arrive-t-il de là ? C'est que souvent les voyageurs se préparant à descendre à la prochaine station, se mettent debout et se font tuer, la hauteur des voûtes, des ponts et des tunnels ne permettant pas *cette imprudence.* S'ils veulent mettre la tête en dehors pour regarder en arrière, leur punition est la même, car on a été obligé d'*entailler* les voûtes primitives pour permettre *tout juste* le passage des impériales, et il n'y a pas d'année où la Compagnie n'ait à déplorer la mort de quatre ou cinq *imprudents* voyageurs d'impériale.

Le 11 mai, j'apprenais un nouvel accident arrivé sous ces voûtes de la gare Saint-Lazare, et j'écrivais dans l'*Époque* les lignes suivantes :

« J'avais appris il y a peu de jours et avec quelque effroi, je l'avoue, la nomination d'une vingtaine de nouveaux commissaires de surveillance qui, je le dis de suite pour vous rassurer sur leur sort, sont appointés et payés depuis le 1er de ce mois.

« En présence de la surabondance des fonctionnaires de cet ordre entassés, nominalement du moins, dans les gares, je me demandais par quelles combinaisons ingénieuses on pourrait arriver à caser ces nouveaux commissaires, alors qu'une dizaine de villes en possèdent trois, alors qu'Orléans et Tours en ont quatre, Bordeaux cinq et les diverses gares de Paris vingt-cinq.

« Un regrettable accident, que j'apprends à l'instant, me tire d'embarras, et, bien qu'elle jouisse déjà de sept commissaires de surveillance pour ses deux gares de Paris, je conseille à la Compagnie de l'Ouest de réclamer toute cette nouvelle escouade de commissaires *in partibus* pour étudier à la gare de Saint-Lazare une question qui intéresse au plus haut degré la sécurité publique.

« La Compagnie de l'Ouest a établi des impériales

sur ses wagons pour doubler le nombre des places qu'elle peut offrir au public le dimanche, jour où elle double aussi ses prix, sans doute dans l'intérêt des petites bourses. Pour permettre le passage de ces impériales couvertes, elle a dû faire pratiquer dans les voûtes de ses tunnels des entailles mesurées, non sur une hauteur d'homme, mais sur la hauteur moindre qu'ont ces plafonds protecteurs. Malheureusement, on ne peut arriver à ces places d'impériale qu'en se livrant sur le haut du wagon à une gymnastique des plus périlleuses, et en parcourant toute la longueur de la voiture, debout et en dehors de ce plafond protecteur qui rase de si près les voûtes entaillées. Chaque année, comme nous le disions l'autre jour, cette ingénieuse disposition, si profitable à la Compagnie, est fatale à une demi-douzaine de voyageurs, et dimanche dernier le conducteur d'un train partant pour Versailles, en voulant se rendre à son frein, a été frappé à la tête par la voûte et renversé expirant. Le lendemain, il rendait le dernier soupir à l'hôpital Beaujon.

« N'y a-t-il pas quelque chose à faire? Et la question ne mériterait-elle pas d'être sérieusement étudiée par le comité des vingt-deux nouveaux commissaires sans emploi, que je propose de réunir à la gare Saint-Lazare?

« Peut-être n'oserait-il pas proposer la surélévation des voûtes, dans la crainte de vider les coffres de la Compagnie. Peut-être craindrait-il même de proposer la suppression des impériales de peur de réduire, dans une trop forte proportion, les bénéfices qu'elle fait le dimanche. Mais je ne doute pas que cet aréopage de nouveaux fonctionnaires pleins d'un zèle, qui n'a pas encore eu l'occasion de se manifester, n'arrive à trouver quelque ingénieuse solution de la question et ne propose quelque utile mesure, ne fût-ce que le rembourrage de ces fatales voûtes, afin que du moins les gens ne soient pas toujours tués roide. »

Pouvons-nous du moins espérer que quelque remède sera apporté à ce dangereux état de choses? Non.

L'ingénieur du contrôle, consulté sur ce qu'il y avait à faire pour le pont de Thouaré (où quatre personnes avaient perdu la vie), faisait remarquer que ce pont n'était pas établi *dans de plus mauvaises conditions* que beaucoup d'autres du réseau d'Orléans et des autres lignes de l'Empire, et déclarait qu'il n'y avait aucune modification à prescrire. Et le directeur général des ponts et chaussées et des chemins de fer répondait qu'en fait et en droit le Gouvernement ne pouvait songer à imposer aux Compagnies la tâche à peu près irréalisable de reconstruire tous les ouvrages d'art construits dans les conditions prescrites par les anciens cahiers des charges. « L'administration, ajoutait-il, en prescrivant pour l'avenir des dimensions plus considérables pour les ouvrages d'art, a voulu augmenter les chances de sécurité pour les voyageurs. Néanmoins, disait-il en terminant, l'expérience de chaque jour démontre que les dispositions prescrites par les anciens cahiers des charges ne peuvent devenir une cause de danger que dans le cas où *quelque imprudence* a été commise, soit par les voyageurs, soit par les employés, contrairement aux recommandations expresses qui leur sont faites. »

Résignons-nous donc, nous voyageurs, à ne pas mettre la tête à la portière sous peine de la perdre ; vous, employés, à ne pas surveiller le mouvement de votre machine, à ne pas agiter un drapeau mal à propos, à ne pas vous risquer sur l'étroite planchette qui devrait servir au contrôle de route, si l'on réclamait votre secours dans un moment inopportun. Contentons-nous d'espérer que le comité des commissaires *in partibus* voudra bien demander le rembourrage des piliers meurtriers et le capitonnage des fatales voûtes qui menacent nos têtes.

Baron DE JANZÉ.

PRÉFACE

Mon intention n'est pas de faire une critique quand même contre les Compagnies. Loin de moi une telle pensée ; ce que je veux avant tout, c'est la sécurité des voyageurs.

Je suis comme tout autre sujet à voyager, c'est ce qui m'engage, dans mon intérêt aussi bien que dans l'intérêt général, à émettre des pensées qui, je l'espère, ne seront pas tout à fait indifférentes aux personnes compétentes.

Que MM. les mécaniciens et chauffeurs m'excusent de ma critique un peu sévère ; mais je parle dans l'intérêt commun, et la vérité doit être dite tout entière.

Que MM. les administrateurs ne m'en conservent pas moins leur bienveillante estime, car je ne dirai que la vérité.

Si je parle ici de la Compagnie du Nord en particulier, c'est que j'ai l'insigne honneur de mieux connaître cette Compagnie que toute autre, et si je m'attache plus particulièrement dans ce travail au service de la traction, c'est parce qu'il est le plus étendu, le plus important, et parce que c'est aussi celui que mes connaissances spéciales me permettent le mieux de traiter d'une manière consciencieuse et approfondie.

Je voudrais, en signalant les abus, pouvoir les faire réformer et amener enfin des améliorations que je crois nécessaires et indispensables pour éviter ces fatales catastrophes qui viennent si souvent jeter la ruine, le deuil et la désolation au sein des familles.

Il est temps de s'occuper des précautions à prendre pour les éviter.

Personne ne doute du zèle de l'autorité pour faire appliquer les modifications qui semblent propres à assurer la sécurité des voyageurs ; eh bien, en dépit des sages mesures qu'elle prescrit, le mal augmente dans des proportions considérables.

Pour peu que cela continue, on sera bientôt obligé d'en revenir au bon vieux temps et de faire son testament avant de se hasarder à entreprendre en chemin de fer un voyage assez peu lointain.

G. BISSON.

ACCIDENTS DE CHEMINS DE FER

PREMIÈRE PARTIE

MATÉRIEL

Deux causes amènent journellement des malheurs, l'emploi d'un matériel en mauvais état et la négligence ou l'incapacité des employés.

Je vais donc m'occuper successivement du matériel et du personnel, et je vais tout d'abord aborder l'examen du matériel ; car dans cette question des accidents de chemins de fer, il est indispensable de bien connaître le matériel et d'étudier les diverses conditions dans lesquelles on l'emploie.

ÉTAT DES MACHINES

La réparation des machines en mauvais état est le cauchemar de certaines Compagnies. Au Nord, par exemple, c'est une affaire d'État que la rentrée d'une machine en réparation ; la moitié du temps, c'est un sujet d'altercation entre les mécaniciens et les chefs d'ateliers : Ah ! c'est que les réparations et les modifications coûtent, et c'est là la pierre d'achoppement. En outre, comme le service de la traction a toujours d'assez jolies gratifications lorsqu'à la fin de l'année le chiffre de ses dépenses n'est pas trop élevé, il est de son intérêt de faire marcher les machines jusqu'à la dernière extrémité (1).

Je ne hasarde rien en formulant cette accusation, en voici la preuve :

Dernièrement, un des plus anciens mécaniciens vient trouver son chef pour lui annoncer que sa machine n'était plus en état de faire un bon service. Celui-ci lui répond qu'il n'y a pas de machines pour remplacer celle-là, et que *du moment qu'il ne manque pas une roue*, il faut marcher quand même.

Le mécanicien veut insister: « Taisez-vous, lui dit son chef ; si vous ne voulez pas partir avec cette machine, d'autres partiront à votre place. »

Devant un ordre aussi impérieux, il n'y avait qu'à s'incliner et à obéir ; c'est ce que fit le mécanicien ; seulement, le lendemain, une pièce brisée et un retard dans le service donnaient raison à sa vieille expérience.

N'est-ce pas souvent comme cela qu'une faute re-

---

(1) On appelle marcher jusqu'à la dernière extrémité marcher dans de mauvaises conditions de solidité. Une machine peut se comparer à une voiture ; une voiture à moitié disloquée par l'usure peut parfaitement se briser en route et blesser les voyageurs qu'elle contient. il en est de même d'une machine : *les déraillements et la rupture de certaines pièces sont généralement la suite de l'usure.*

tombe sur le mécanicien, alors que c'est l'administration qui la commet ? Mais la question mécanique est si compliquée que, dans n'importe quel malheur, on trouve toujours moyen de prouver qu'il n'y a nullement de la faute des agents supérieurs de la Compagnie.

MACHINES.

Les pièces d'une machine sont trop nombreuses pour que nous puissions toutes les passer en revue : nous nous bornerons à étudier les principales.

Du reste, il va sans dire que, si une roue, un cylindre, un tiroir ou une bielle manquaient à une machine, l'inspecteur du Gouvernement s'en apercevrait de suite, car cela serait trop visible.

Je vais donc parler des pièces essentielles, mais presque invisibles, dont on ne connaît les vices que par la pratique et le maniement personnels.

ÉCHAPPEMENT

L'échappement est à une machine ce qu'un soufflet est à une forge.

Il y a deux sortes d'échappements : l'échappement fixe et celui à détente variable.

Le fixe est *à peu près* réglé pour la dépense de la machine et *n'est bon, tout au plus, qu'à faire quelques économies de charbon*. Le variable peut être réglé par le mécanicien, qui s'en sert selon ses besoins et dans le cas où le feu vient à presque s'éteindre en route ; il lui permet de se retrouver en bon état au bout de quelques instants sans s'arrêter, sans avoir même besoin de ralentir sa marche.

Si les machines qui font le service de banlieue étaient munies d'échappements à détente, elles ne resteraient pas aussi souvent en détresse ; car, sur dix cas de détresse, il y en a cinq qui proviennent du manque de cet échappement.

FREINS

Les freins du tender que manœuvre le mécanicien doivent fonctionner convenablement, c'est-à-dire enrayer, puisque c'est là le moyen d'arrêter une machine ; il est malheureusement beaucoup de freins qui n'ont jamais enrayé ou qui n'enrayent que très-difficilement. On avait commencé, il y a quelque temps, une très-bonne application qu'il est regrettable qu'on n'ait pas continuée. Je veux parler d'un système de frein qu'on appliquait sur les roues motrices ou sur les roues d'avant de la machine. Ce système pouvait suppléer le frein du tender en cas d'avarie, et dans un commandement d'arrêt immédiat les deux freins pouvaient, par leur puissance combinée, éviter un malheur.

Quant aux freins des fourgons à marchandises, par suite des économies de graissage, ils fonctionnent si peu convenablement, le plus souvent, et ils sont si difficiles à desserrer que, lorsque les mécaniciens sifflent aux freins, les conducteurs et gardes-freins feignent de ne pas entendre. Dans certains cas ils font aussi bien ; car, lorsqu'ils les ont serrés et qu'un coup de sifflet commande de les desserrer, cette opération est si longue à exécuter que, le plus souvent, elle nuit à la manœuvre de la machine.

LUNETTES

On appelle lunette une plaque de tôle posée perpendiculairement sur l'extrémité de la chaudière près du foyer ; cette plaque est munie de deux gros verres capables de résister aux chocs que pourraient leur faire éprouver la machine.

Ce petit appareil, sans être embarrassant, garantit suffisamment les hommes, et je m'étonne que nos Compagnies n'en fassent pas l'application ; à moins que ce ne soit pour suivre les conseils d'un ingénieur qui disait un jour « qu'une machine munie de lunettes garantirait *trop* les hommes et ferait que, *ne souffrant plus*, ils seraient susceptibles de s'endormir. » Cet ingénieur modèle ignorait que, lorsqu'il tombe de l'eau ou de la grêle, ou lorsqu'il fait un grand vent, le mécanicien et le chauffeur, pour éviter d'être aveuglés se cachent derrière la chaudière. Ainsi cachés, ils ne voient plus devant eux, et la machine peut quelquefois aller rendre une visite assez désagréable à un autre train resté en détresse.

DANGER DE MARCHER LE TENDER EN AVANT

Les Compagnies du Nord, de ceinture et de Vincennes, pour s'éviter des frais de matériel fixe (plaque tournante) compromettent tous les jours la vie des voyageurs en faisant marcher les machines le tender en avant.

Cette mesure dangereuse, qui est formellement interdite par les règlements, peut provoquer de graves accidents. En effet : 1° le lest de la machine se trouvant déplacé par ce genre de marche, il peut en résulter un déraillement qui aura certainement les causes les plus funestes ; 2° le tender se trouvant plus haut que la machine, le mécanicien et le chauffeur sont obligés de quitter leur poste pour surveiller l'état de la voie ; 3° le combustible se trouvant devant eux, ils sont complétement aveuglés lorsqu'il tombe de l'eau ou qu'il fait un grand vent, et, par conséquent, comme ils ne peuvent plus observer les signaux, le train peut aller se briser contre un obstacle ; 4° la disposition des signaux d'alarme ne permettant plus au conducteur et au mécanicien de correspondre ensemble, le train, par ce manque de communication, se trouve donc entièrement isolé de tout secours ; 5° une grande partie des machines n'étant pas construites pour ce service, la plupart manquent de chaînes de sûreté propres à suppléer le crochet d'attelage en cas de rupture.

Voici, à l'appui des observations présentées par nous sur ce point, le considérant d'un arrêt de Lyon, condamnant la Compagnie de la Méditerranée à des dommages et intérêts envers la veuve et l'enfant d'un ouvrier écrasé sur la voie :

« Attendu que la faute de la Compagnie est capitale, qu'elle consiste à avoir fait marcher un train de marchandises le tender en avant de la locomotive, *ce qui empêche le mécanicien de voir à temps les obstacles ou les causes de danger, d'avertir et d'arrêter les trains quand besoin est.* »

La collision de Beaumont est la preuve la plus récente de la réalité des dangers qui viennent d'être signalés, et voici en quels termes *l'Époque* du 7 avril 1865 racontait cet accident :

« Le 26 mars dernier, le train de Beaumont à Paris s'est séparé de sa machine, le crochet étant venu à se rompre. Le mécanicien, après avoir arrêté sa machine, qui s'était rapidement éloignée du convoi, est revenu au-devant du train, avant que celui-ci eût perdu sa force d'impulsion, et il a ainsi amené une collision dans laquelle *quatre voyageurs ont été blessés.* Cet accident peut être attribué : 1° a l'incapacité du mécanicien ; 2° au mauvais état du matériel, qui a causé la rupture en pleine marche du crochet d'attelage, rupture d'autant plus grave que les chaînes de sûreté destinées à suppléer ce crochet faisaient défaut ; 3° au manque de plaque tournante à Beaumont, insufffisance du matériel fixe qui oblige la machine à revenir, son tender en avant, c'est-à-dire dans les conditions les plus dangereuses et les plus formellement interdites par les règlements. »

COMMENT ON ESSAYE UNE MACHINE

Une Compagnie de chemin de fer employe plusieurs systèmes de machines dont la puissance varie selon les besoins du service ; il est donc essentiel de connaître la force d'une machine pour lui donner une charge en rapport à sa puissance. On s'en rend compte de la manière suivante :

Après avoir classé dans une même série, portant son nom particulier et son numéro d'ordre, toutes les machines faites chez un même constructeur sur des plans et modèles identiques, on essaye une de ces machines à la force maxima, et cette force connue sert d'étalon pour toutes les machines de la même série. C'est là un système excessivement faux, sur lequel on ne devrait nullement se baser pour établir un service régulier. Toutes les machines d'une même série diffèrent entre elles comme force, comme vitesse et comme production de vapeur ; mille et une causes y contribuent ; il en est même qui échappent à l'ingénieur le plus expert.

Quand, par suite de causes connues ou inconnues, on ne peut tirer autant de force d'une machine qu'on en attendait, il y aurait un moyen bien simple de remédier au mal, ce serait de diminuer la charge donnée à cette machine. Mais les Compagnies ne se résignent pas à cette diminution ; elles préfèrent laisser à l'intelligence du mécanicien le soin de chercher les moyens (1) de suppléer à

(1) Ces moyens sont l'irrégularité de la marche, le calage des soupapes, etc.

cette insuffisance de force. Et quand un mécanicien se soumet à employer ces déplorables moyens, qui compromettent la vie et la sûreté des voyageurs, on le pose comme modèle, pour aiguillonner l'amour-propre de ses collègues et les engager à en faire autant.

SURCHARGE DES MACHINES

Non contentes de ne tenir aucun compte des inégalités des machines d'une même série, les Compagnies, aussi souvent qu'elles le peuvent, surchargent les machines, les chargent à leur force maxima, car leur intérêt est toujours de faire un service avec le moins de personnel et de matériel possible.

Par exemple, la Compagnie fait faire un train par une machine qui n'a que juste la force de remorquer les 12 voitures dont il se compose. Si cette machine voyage par un beau temps, le service se fera régulièrement; mais si ce train est surpris en route par une pluie fine ou un grand vent (1), la machine, chargée déjà à sa force maxima, et rencontrant un obstacle qui vient augmenter la charge, sera obligée de ralentir sa marche ou même d'arrêter. Le train restera en détresse; et l'on peut se rappeler, d'après les affaires de Pierrefitte, de Rodez, etc., qu'il ne fait pas bon faire obstacle à un train suivant.

(1) Il est une espèce de pluie fine qui forme, en tombant sur les rails, un corps gras empêchant l'adhérence des roues motrices et faisant patiner. Le vent est aussi un obstacle difficile à combattre; il fait parfois une grande résistance dans le remorquage des trains.

Dans ce cas, la Compagnie est très-répréhensible, car elle doit toujours prévoir le mauvais temps ; et si, au lieu de surcharger cette machine en lui faisant remorquer 12 voitures, elle n'en mettait que 8, ce qui est la charge moyenne, le service se ferait régulièrement et le train ne resterait pas en détresse.

PRIMES D'ÉCONOMIE

Ce n'est pas assez que la Compagnie du chemin de fer du Nord surcharge ses trains et se refuse à faire les modifications et les réparations nécessaires, il semble qu'elle ait voulu couronner le tout par la plus mauvaise des institutions possibles : je veux parler des primes d'économies sur le combustible et la régularité de la marche (1). On alloue à un mécanicien telle quantité

---

(1) Les primes d'économie de graissage peuvent aussi amener le chauffage et la rupture de certaines pièces de la machine, par suite d'économies exagérées d'huile faites par le mécanicien, mais ce n'est pas là leur plus grand vice. Qui de vous, lecteurs, n'a pas tremblé plus d'une fois pour ces hommes qu'on voit marcher sur un étroit tablier, tandis que la machine dévore déjà rapidement l'espace ? Ce qui force ces hommes à risquer leur vie, le savez-vous ? C'est la crainte d'user un peu plus d'huile en graissant les tiroirs ou les cylindres avant de partir ! Non-seulement cet excédant de dépense leur serait retenu, mais encore ils encourraient une disgrâce comme ne connaissant pas leur service.

Je m'étonne que la Compagnie n'interdise pas formellement ce genre de travail, à la suite duquel les journaux ont eu déjà bien des fois à enregistrer des malheurs ; mais elle s'en garde bien : cela diminuerait ses bénéfices. Périssent plutôt vingt hommes, et que les bénéfices ne subissent pas la plus légère diminution !

de combustible pour assurer le service de sa machine ; s'il dépasse la quantité allouée, il doit une indemnité à la Compagnie (1 franc par 1,000 kilogrammes) ; s'il ne l'atteint pas, on lui accorde une prime proportionnelle aux économies qu'il a faites (4 francs aujourd'hui, au lieu de 6 francs qu'il avait par tonne) (1). Nécessairement

(1) Ce système est d'autant plus avantageux aux Compagnies, qu'elles ont réduit de plus en plus la quantité et la qualité du combustible alloué aux mécaniciens ; et si la Compagnie, pour une tonne de charbon économisée par le mécanicien et par le chauffeur, accorde à l'un une prime de 4 francs, à l'autre une prime de 2 francs, il lui reste à elle un bénéfice assez raisonnable, la tonne de charbon valant de 30 à 35 francs environ.

C'est sans doute au point de vue de l'intérêt des Compagnies que s'était mise la Commission d'enquête de 1857, lorsqu'elle disait : « Ce système a le meilleur résultat et *ne paraît pas avoir d'inconvénients.* »

Si elle s'était mise à un autre point de vue, elle aurait songé aux inconvénients que ces primes peuvent avoir pour la sécurité des voyageurs : le mécanicien ne songeant plus qu'à produire la quantité de vapeur strictement nécessaire pour remorquer son train et laissant tomber son feu, au risque de rester en détresse, comme cela arrive continuellement, et de provoquer des collisions de trains par suite des retards journaliers du service ; — elle aurait songé aussi que ces primes sont un encouragement constant à ces manœuvres à l'anglaise, prohibées par les règlements et sans cesse pratiquées dans toutes les gares. — En effet, toujours dans la pensée d'économiser du combustible, les mécaniciens chargés de former et de décomposer les trains, au lieu de mener lentement et prudemment les wagons, ont imaginé de donner un coup de tampon proportionné à la distance qu'ils ont à faire parcourir au train. Cette manière de procéder, connue sous le nom de manœuvre à l'anglaise, occasionne chaque année de nombreux accidents, et nous avons le mois dernier signalé la mort cruelle d'un homme d'équipe, serré entre les tampons des wagons qu'il attelait lorsque la machine était venue les frapper brusquement.

Baron DE JANZÉ.

cet homme, pour toucher une prime d'économie, et surtout pour ne pas rembourser d'argent, usera de tous les moyens possibles, dussent ces moyens compromettre sa propre sécurité et celle des voyageurs.

Ce système aurait peut-être quelque raison d'exister si toutes les machines brûlaient à peu près la même quantité de combustib!e, si la charge des trains était toujours la même, si enfin il était possible d'établir une moyenne ne variant que suivant les aptitudes d'un mécanicien. Mais il n'en est rien : tout dépend de la qualité de la machine, et la capacité du mécanicien n'influe en rien sur le résultat obtenu. Ainsi il est des machines qui rapportent aux mécaniciens 3 centimes par kilomètres, tandis que d'autres ne rapportent qu'un dixième ou un quinzième de centime pour le même parcours ; et un mécanicien, avec toute la bonne volonté et toutes les connaissances possibles, n'arrivera pas à faire une pièce de 5 francs d'économie, tandis qu'un autre moins capable fera 50 à 60 francs.

Les primes de régularité sur la marche peuvent mettre la vie des voyageurs en danger (1), et ont pour

(1) *Primes de régularité de marche.* (Discours de l'avocat général *Thévenin.* — Cour de Lyon, 15 décembre 1863, accident de la Fouillouse.)

Pour gagner la prime *dont la Compagnie a tort de les gratifier en pareil cas,* le mécanicien et le chauffeur ont cherché à regagner une partie du temps qu'avait perdu l'express. Ils ont usé de la faculté qu'ils avaient d'atteindre la vitesse maximum de 60 kilomètres... — Ils sont inexcusables d'avoir ainsi lancé l'express à toute vapeur quand ils se savaient précédés de si peu par le train d'Andrezieux. — La condamnation prononcée contre eux n'a rien d'exagéré.

conséquence directe l'emploi d'un mauvais matériel.

En effet, il est d'usage, au Nord, que chaque mécanicien possède une machine qu'il conduit pour ainsi dire aussi longtemps qu'il est au service de la Compagnie. Cette machine, en raison des primes de régularité de marche, est susceptible de lui être plus ou moins fructueuse. S'il possède une machine qui lui rapporte 3 centimes par kilomètre, il est évident qu'il fera son possible pour la faire marcher jusqu'à la dernière extrémité ; car, pendant les deux ou trois mois qu'elle pourrait rester en réparations, on lui donnerait une autre machine qui peut-être ne lui rapporterait plus qu'un dixième ou un quinzième de centime par kilomètre.

Nous avons vu que le plus souvent les cas de détresse et l'irrégularité dans la marche des trains étaient occasionnés par la surcharge des machines ou par le manque d'échappements à détente variable. Eh bien ! quand même on ne surchargerait plus les trains et qu'on pourvoirait les machines de bons échappements, les mêmes dangers existeraient encore, grâce aux primes d'économie sur le combustible.

Jugement de la cour de Nîmes, 29 juin 1864. (Accident de Beaucaire 6 personnes tuées.)

« Attendu qu'il résulte des faits et circonstances de la cause que ce malheur est dû à l'imprudence du mécanicien ; qu'il paraît en effet évident que le déraillement a été occasionné par la vitesse imprimée à la machine ; que, sorti de Nîmes avec 15 minutes de retard, le mécanicien a voulu rattraper ce retard, *pour obtenir la prime de vingt centimes par minute*, et a donné à sa machine, après avoir ouvert complètement son régulateur, une vitesse si extrême que, etc... »

Plus un mécanicien monte une rampe vivement, plus il dépense de vapeur et, par conséquent, de charbon; préoccupé du soin de faire des économies de combustible, il monte le plus doucement qu'il peut et avec le moins de feu possible. Cependant ce ralentissement a causé un retard qu'il faut rattraper, et pour le faire il faut se lancer à toute vitesse. Par exemple, les trains de marée se font par des machines du système Crampton, à qui les règlements de police permettent une vitesse de 75 kilomètres à l'heure. Ces trains passent par Chantilly, et il y a 28 kilomètres de rampes à gravir; mais comme la voie descend après le poteau 28, il est facile de rattraper les 10 ou 12 minutes qu'on a perdues en montant. L'inclinaison de la voie permet de lancer la machine à toute vitesse, vitesse qui atteint fréquemment 100 à 120 kilomètres à l'heure. Pendant une demi-heure, on n'a fait que 20 kilomètres, et pendant l'autre demi-heure on en fait 55; en 1 heure, on n'a fait que 75 kilomètres, et l'autorité permet de faire 75 kilomètres à l'heure.

Cette marche à toute vitesse est des plus dangereuses. Qu'un train ainsi lancé à la vitesse extrême, qui peut aller jusqu'à 100 et 120 kilomètres à l'heure, se trouve, au détour d'une courbe, en présence d'un obstacle, et que la distance qui l'en sépare ne soit que de 2 ou 300 mètres, le mécanicien aura beau recourir à tous les moyens en sa possession, il ne pourra arrêter assez vite pour éviter une catastrophe, qui sera d'autant plus grave que le train aura plus d'impulsion. A cette distance, au contraire, un train lancé à la vitesse de 60 kilomètres aurait pu s'arrêter avant l'obstacle, ou du moins arriver à amortir considérablement le choc (1).

Il est un autre moyen de rattraper le temps perdu,

(1) Le mécanicien qui sait que, pour rattraper le temps qu'il aura perdu à la montée, il n'aura qu'à se lancer à toute vapeur à la descente, monte avec une dépense de vapeur réduite à l'excès et souvent *insuffisante*; c'est ce qui est arrivé au souterrain de Rilly-la-Montagne, où le train en retard, cause de la collision, patinait depuis 16 ou 17 minutes lors du choc qui blessa une vingtaine de voyageurs. Cet excès de vitesse non-seulement amène des collisions qu'on eût pu éviter en gardant une allure plus modérée, ainsi que le dit M. Bisson, mais encore il provoque souvent dans les courbes des déraillements presque toujours assez graves. Citons seulement les considérants du jugement rendu dans l'affaire de Beaucaire, où 23 personnes avaient été blessées, où le mécanicien Vignoly et 5 autres personnes avaient trouvé la mort, et l'on reconnaîtra avec nous les dangers de déraillements amenés par la vitesse excessive donnée aux trains dans la descente des pentes. — Voici quelques-uns de ces considérants :

« Attendu qu'il résulte des documents du procès que ce malheur est dû à l'imprudence du mécanicien Vignoly...

« Attendu en effet que, parti de Nîmes avec 10 minutes de retard, Vignoly *a fait des efforts pour les regagner*, et que, parvenu au lieu de l'accident, il marchait alors avec un excès de vitesse qui a entraîné la locomotive hors de la voie...

« Attendu qu'entre la station de Bellegarde et celle de Saint-Montant la voie ferrée est accidentée par plusieurs courbes...

« Attendu qu'à ce point dangereux de la voie, le mécanicien Vignoly ne s'est même pas renfermé dans une vitesse de 72 kilomètres à l'heure ; qu'il résulte des documents du procès qu'au moment du déraillement la vitesse avait pris des proportions extrèmes ; que, dans le compartiment réservé au service des postes, *les dépêches sautaient sur le banc et tombaient sur le plancher*, etc... »

Voici donc les conséquences obligées des primes d'économie pour le combustible et pour la régularité de marche. 1° Retards continuels dans la marche des trains, et par suite collision entre les trains ; 2° vitesse excessive à la descente des pentes graves avec perte de temps, et par suite impossibilité d'éviter les collisions, et chances très-grandes de déraillement.

Baron DE JANZÉ.

défendu sous peine de révocation, mais trop souvent employé malgré son danger, c'est le calage des soupapes.

Le mécanicien en retard veut marcher à la plus grande vitesse ; mais comme il ne perd pas de vue la prime d'économie sur le combustible, comme il ne veut pas perdre la pression, parce que c'est de l'argent qui s'en va sous forme de vapeur, il prend dans son gilet deux petits morceaux de fer ajustés à cet effet, et il cale les soupapes de sûreté. C'est-à-dire que, si la chaudière est timbrée à 7 ou 8 degrés d'atmosphère, par ce moyen il peut y avoir à un moment donné 11 ou 12 degrés, et rien n'empêche la chaudière de faire explosion. — Ce n'est pas d'ailleurs toujours par l'appât du gain que les mécaniciens se trouvent entraînés à recourir à ce dangereux expédient ; ils sont parfois obligés de le faire parce que le mauvais état de leur machine ou sa surcharge leur fait craindre de rester en détresse.

Que la chaudière alors fasse explosion, l'accident sera mis au nombre de ceux qu'on n'a pu prévoir et dont on ne peut dire la cause ; et si, par hasard, le mécanicien a survécu, ce n'est pas lui qui ira dire quelle cause a amené le malheur (1).

BISSON.

(1) Et alors MM. les Commissaires du Gouvernement diront ce que M. *Boinvilliers* répondait l'année dernière à M. Braine : « C'est vrai, il y a une chaudière qui, sous un pont, en pleine marche a éclaté. Je demande par quel moyen il est possible de prévoir cet accident, qui arrive aussi dans les fabriques, dans les usines, à l'improviste, sans qu'aucun indice ait pu le faire pressentir et *sans que personne puisse dire quelle en a été la cause.* »

Cette cause, les révélations de M. *Bisson* nous mettent à même de savoir parfois quelle elle est ; nous ne nions pas évidemment qu'une explosion de chaudière ne puisse être provoquée par d'autres causes, et nous citerons même, si l'on veut, une explosion résultant du mauvais état de la chaudière arrivée à Vesoul au mois de juin 1864 :

A 3 heures 30 minutes du matin, une locomotive attendait le train qui devait partir à 3 heures 40 minutes, remorqué par elle. Le mécanicien, s'étant aperçu *d'une légère fissure à la chaudière*, passa sur le tender pour y prendre une clef, afin de resserrer quelques écrous. Pendant ce temps le chauffeur mettait de la houille dans le fourneau. En ce moment la chaudière éclata. — Le mécanicien fut jeté sur le sol à une distance de 5 mètres ; il avait eu la jambe gauche brisée, une profonde blessure au-dessus de la cuisse et le dos couvert de brûlures. Le chauffeur, mutilé, broyé, fut aussi lancé dans l'espace ; on retrouva ses membres épars sur la voie et dans la halle aux marchandises, distante d'environ 20 mètres.

Certes, voici une explosion qui peut-être pourrait être reprochée au contrôle, mais dont le malheureux mécanicien était complétement innocent ; et si nous recherchions la cause de l'accident de Moulins, il arriverait peut-être que nous formulerions une conclusion à peu près semblable, car le mécanicien s'était aperçu, dit-on, à la station de Moulins, du mauvais état de sa chaudière. Mais n'est-il pas évident que la déplorable pratique signalée par M. *Bisson* doit amener souvent ces explosions de chaudières et ces ruptures de tubes *dont personne ne peut dire quelle a été la cause?*

Baron DE JANZÉ.

DEUXIÈME PARTIE

PERSONNEL

DEUXIÈME PARTIE

(Addition au travail de M. Bisson)

En outre des cantonniers, garde-barrières, aiguilleurs, conducteurs, chauffeurs et mécaniciens, agents dont M. Bisson trouve l'occasion de parler dans son travail, le personnel actif des chemins de fer compte encore plusieurs classes d'agents, les chefs et sous-chefs de gare, les facteurs et les hommes d'équipe, que nous ne pouvons passer sous silence.

Les chefs et sous-chefs de gare ont un rôle des plus importants au point de vue de la sécurité publique ; ils sont chargés de veiller à la formation des trains, de faire couvrir ces trains par des signaux quand ils sont garés, et de leur donner le signal du départ ; ils ont même la faculté d'intervertir l'ordre des trains, lorsque quelque retard a apporté de la perturbation dans le service régulier établi. — Donnons quelques exemples pour montrer de quelle conséquence peuvent être un ordre de départ imprudemment donné, un oubli, une interversion irraisonnée dans l'ordre des trains.

Le 25 novembre 1864, le train de Toulon était arrivé avec 20 minutes de retard à la gare de Cuers; il se hâtait de repartir pour se croiser à la station du Puget avec le train de Nice; mais, au moment où il débouchait sur la voie, les deux trains se trouvèrent en présence, courant l'un sur l'autre à toute vapeur. Une catastrophe paraissait inévitable, et les voyageurs épouvantés se précipitaient de tous les côtés hors des wagons quand, *par un prodige de sang-froid et d'habileté*, le chef de train Bonne-Carrère parvint à éviter la rencontre : serrant vigoureusement le frein de la locomotive, il renversa le mouvement et fit machine en arrière en refoulant son train. Grâce à cette manœuvre hardie, les deux trains purent entrer ensemble sous gare sans avoir éprouvé le moindre choc.

Le Messager du Midi ajoute : « M. Alfred Le Roux, vice-président du Corps Législatif, qui se trouvait dans un wagon de première classe avec sa famille, a adressé les plus vives félicitations au chef de train sur son admirable présence d'esprit. » — Il aurait dû, pour nous édifier complétement, nous faire connaître le compliment adressé par notre honorable vice-président au chef de gare dont l'imprudence avait mis deux trains de voyageurs à même de devoir leur salut au prodige de sang-froid et à l'admirable présence d'esprit de ce chef de train.

Le 28 novembre 1864, deux trains se heurtent de front sur la ligne de Limoges, près de Saint-Sulpice-

Laurière, un train de marchandises et un train de voyageurs. Le mécanicien et le chauffeur de ce dernier train reçoivent d'assez graves blessures, le conducteur du train de marchandises est lancé à 15 pieds en l'air ; le mécanicien et le chauffeur de ce dernier train sont jetés l'un à droite, l'autre à gauche de la voie. Trois voyageurs sont plus ou moins contusionnés et quatre wagons de marchandises sont brisés. — Voici comment *la Patrie* du 30 novembre explique cette rencontre : « C'est à la suite D'UN OUBLI commis par le chef de nuit de la gare de Saint-Sulpice que le train-omnibus venant de Paris a reçu l'ordre de partir avant que le train de marchandises venant de Limoges ne se fût croisé avec lui à la gare même de Saint-Sulpice. »

Pour l'interversion des trains, les règlements sont muets et laissent à l'appréciation des chefs de gare cette mesure si grave. Voyons comment cette liberté d'appréciation a été appliquée par le chef de gare de Saint-Étienne, et quelles conséquences terribles a eues l'imprudence de cet employé.

Le 24 août 1863, le train express étant en retard, le chef de gare intervertit l'ordre des trains et fait précéder l'express par le train-omnibus qui le suit d'habitude et qui emprunte la même voie jusqu'à l'embranchement d'Andrezieux, 1,500 mètres environ au delà de la Fouillouse. — Le train-omnibus part donc à 6 heures 5 minutes et le chef de gare laisse partir le train express à 6 heures 17 minutes, laissant seulement entre ces deux trains de vitesse inégale un intervalle de 12 minutes. — Qu'arrive-t-il ? Le train express vient heurter à la gare de la Fouillouse le train-omnibus : 4 personnes sont tuées et 9 blessées.

Le chef de gare répond devant le tribunal qu'il aurait agi réglementairement en faisant partir l'express 10 minutes après le train-omnibus, mais que, *par excès de prudence*, il a porté cet intervalle entre le départ des deux trains à 12 minutes. Et son défenseur ajoute que, si la marche des trains eût été normale, l'omnibus serait arrivé à la bifurcation 2 minutes avant l'express, le chef de gare devant croire que le mécanicien de l'express n'userait qu'après la bifurcation de son droit extrême de vitesse (55 à 60 kilomètres).

Le chef de gare qui, sans précautions aucunes, avait cru devoir faire ainsi dépendre d'un intervalle hypothétique de 2 minutes l'existence de tant de voyageurs fut condamné à quinze mois de prison.

Il résulte de ce procès que les règlements permettent l'interversion des trains, que cette interversion a souvent lieu soit pour les trains de marchandises, soit même pour les trains de voyageurs, et que cette grave mesure est laissée à la libre et dangereuse appréciation de tout chef de gare intelligent ou non.

Le chef de gare, dans les petites stations, n'a pas de sous-chefs, il a quelquefois un certain nombre d'hommes d'équipe sous ses ordres ; parfois il est obligé de faire lui-même les fonctions d'aiguilleur (accident d'Asnières, 20 juin 1861), et il a souvent bien de la peine à s'acquitter de ses fonctions multiples. Nous croyons cependant que le fait d'Apilly, cité par M. Bisson, est exceptionnel ; mais nous recommandons à l'attention publique ce maître Jacques, qui est à la fois chef de gare, comptable, aiguilleur, garde-barrière, employé au télégraphe et homme d'équipe pour manœuvrer les disques ou pousser les wagons.

Dans les grandes gares, autres que celles de Paris, le personnel se compose d'un chef de gare et ordinairement de deux sous-chefs, de quelques facteurs, d'aiguilleurs et d'hommes d'équipe. — Le travail se répartit fort inégalement dans ces grandes gares entre le chef de gare et ses sous-chefs, et voici, selon M. *Boutaud*, ancien sous-chef de gare à Montereau, comment cette répartition a lieu au chemin de Lyon :

« Le service du chef de gare consiste dans le résumé des éléments de comptabilité que lui fournissent les facteurs de première classe, et il ne consiste guère qu'en cela, les fonctions actives étant abandonnées aux sous-chefs de gare. Ainsi retranchés derrière leur comptabilité, les chefs de gare sont assurés d'éviter la police correctionnelle ; car lorsqu'on ne commande pas de manœuvres de gare, on est bien sûr de n'être cause d'aucun accident et de n'avoir aucune responsabilité fâcheuse à encourir. Les sous-chefs de gare sont, chacun à leur tour, chargés des manœuvres des trains, du service des dépêches, de la surveillance de la gare en général, en un mot, de tout le service qui est sous leur seule responsabilité. — Chaque sous-chef se trouve donc à son tour seul de service pour cette surveillance importante : disque, aiguilles, manœuvres, arrivée et départ des trains, rédaction des dépêches ; et dans quelques gares, manipulation du télégraphe. Il est bien aidé par un chef d'équipe, mais il a seul toute la responsabilité. — Le service des sous-chefs de gare se divise en deux parties, service de jour et service de nuit.

« Le service de nuit commence le dimanche de grand matin et continue sans interruption jusqu'au lundi matin, *ce qui fait 24 heures.* Il recommence le lundi soir, et ainsi de suite jusqu'au dimanche matin. Pendant cette semaine, le service de jour ne sera donc pour l'autre sous-chef que de 12 heures par jour, à moins de circonstances particulières; mais le service des sous-chefs, qui ne devrait être que de 12 heures (à l'exception des 24 appliquées à celui du service de nuit), reçoit bien quelques modifications; et ces modifications peuvent entraîner de graves conséquences. Ainsi, un chef ou conducteur de train fait défaut au départ de Paris, *ce qui arrive souvent, il faut le dire.* Un sous-chef de gare de Bercy conduit le train jusqu'au premier dépôt, soit Montereau, où il arrive vers 5 heures du matin. Le sous-chef de Montereau, qui a déjà 24 heures de travail à ce moment, *si c'est le lundi matin,* conduit à son tour le train jusqu'à Tonnerre et revient à Montereau juste assez tôt pour reprendre son service de nuit, qu'il continuera jusqu'au mardi matin. *Il aura donc fait un travail continu de 48 heures.*

« Admettez ceci : Que le mardi pareille chose se renouvelle sur Paris ou sur Tonnerre, *ce sous-chef de nuit, dont le service a commencé le dimanche matin, ne reviendra à Montereau que le mercredi, et il n'aura pas eu de repos.*

« Si, au lieu du sous-chef de gare de nuit, vous prenez

celui de jour, le premier fera le service du second et les choses seront dans le même état; vous aurez un sous-chef qui, par la pluie, la neige, etc., aura travaillé pendant 24, 36 ou 48 heures. »

Nous ne dirons rien ici du service de factage, mais bien des voyageurs ont eu à se plaindre de l'état dans lequel leurs bagages leur étaient remis, et les négociants réclament chaque jour contre le service des articles de messageries et le mauvais état des colis qu'ils reçoivent des chemins de fer. C'est encore à une économie de personnel qu'il faut le plus souvent attribuer la manière dont se fait ce service, et les amendes infligées aux facteurs ne peuvent remédier au mal.

Mais il y a encore une partie du personnel des chemins de fer, la plus nombreuse si ce n'est la plus importante, ce sont les *hommes d'équipe* ou gens de peine, chargés de pousser les wagons, de former les trains, de charger et décharger les marchandises, etc.

M. *Boutaud* « constate que les hommes d'équipe remplacent au besoin les facteurs et les conducteurs, et dit avec raison que c'est un fait très-grave que le remplacement de ces agents par des gens illettrés, ne sachant pas le plus souvent le premier mot des règlements. Les grandes gares, ajoute-t-il, lorsqu'elles sont encombrées, s'en servent comme conducteurs gardes-freins; en sorte que si un service de nuit doit se faire avec 10 hommes, il arrive que 3 partent sur Paris et 3 sur Lyon, et que la gare reste avec 4 hommes d'équipe. Ce fait, dit-il, s'est souvent renouvelé. »

Est-il besoin d'insister sur le double danger qu'il y a,
à prendre de simples manœuvres, des hommes d'équipe,
pour remplacer d'autres agents et à laisser en même
temps les gares privées d'un personnel suffisant? Nous
ne le croyons pas, nous citerons seulement à l'appui
quelques faits constatés judiciairement.

Le 27 octobre 1861, à la gare de Saint-Quentin, un
mécanicien se fait remplacer par *un homme d'équipe*
pour les manœuvres de gare ; une collision a lieu :
l'homme d'équipe est tué.

Le 18 mai 1864, *un chef d'équipe* de la gare de Rennes, faisant les fonctions de conducteur de train, tombe
sur la voie près de Servon, en voulant monter pour se
rendre à son poste ; on relève un cadavre horriblement
mutilé.

Le 28 juin 1863, sur la ligne de l'Est, à la station de
Dornach, une collision a lieu ; 13 voitures sont avariées :
le conducteur est tué, et l'acte d'accusation déclare que
l'accident n'aurait pas eu lieu si *l'homme d'équipe*
chargé de la manœuvre du disque n'avait pas négligé
de le fermer, et si le *chef d'équipe* remplaçant le chef
de gare s'était assuré de l'état du disque.

Le mécanicien de Saint-Quentin (27 octobre 1861),
interrogé par le ministère public qui lui demande si,
d'après les règlements, le garage des wagons ne devait
pas être fait alors que la collision a eu lieu, répond : « Cela
devrait être, mais cela ne se pratique pas à Saint-
Quentin, parce que *le personnel est insuffisant.* »

Enfin nous citerons, comme exemple du danger qu'il y
a de réduire ainsi le personnel des gares par ce dange-

reux emprunt d'hommes d'équipe, un jugement du 14 mai 1864 qui condamne la Compagnie de la Méditerranée à 3,000 fr. de dommages et intérêts envers un homme d'équipe blessé : « Attendu que *deux hommes d'équipe seulement*, sous les ordres de leur chef, étaient occupés à organiser un train considérable de marchandises ; attendu que la gare de Chasse est très-vaste et très-importante, que la présence de deux hommes d'équipe était évidemment insuffisante pour la manœuvre des nombreux wagons dont on devait composer le train de marchandises, trop rapidement organisé, que cette insuffisance *obligeait nécessairement à apporter dans le travail une précipitation dangereuse.* »

Rappelons en terminant que *dans toutes les gares*, à Paris comme ailleurs, pour suppléer à l'insuffisance du personnel, on envoie constamment les hommes d'équipe attacher les wagons les uns aux autres avant que la machine soit attelée, et que, quand celle-ci vient se mettre en tête, il en résulte un mouvement de recul trop souvent fatal à ces hommes placés entre les wagons.

Baron DE JANZÉ.

PERSONNEL

Bien qu'en raison de mes connaissances spéciales je m'attache particulièrement dans ce travail au service de la traction, qui comprend la classe des agents qui ont le plus de responsabilité, avant de parler du personnel des trains, je vais donner quelques rapides indications sur les employés chargés du service de la voie, cantonniers, gardes-barrières et aiguilleurs, sur qui repose aussi à divers degrés la sécurité des voyageurs.

CANTONNIERS SURVEILLANTS

Les cantonniers surveillants, qui à la Compagnie du Nord sont payés de 60 à 70 fr. par mois, ont pour mission de parcourir la voie à pied après chaque passage de train pour examiner si elle n'est pas obstruée par quelque obstacle, si les rails n'ont pas été dérangés. Ils doivent aussi faire, en cas de besoin, les signaux nécessaires pour prévenir les mécaniciens de l'état de la voie.

Ils sont divisés en surveillants de jour et surveillants de nuit. Les surveillants de nuit, postés de 4 en 4 ou de 6 en 6 kilomètres, seraient donc astreints par la Compagnie à faire environ 16 kilomètres, de 9 heures du soir à 7 heures du matin (1) ; mais se fiant à l'éloignement des

(1) *Chemin de la Méditerranée* (travail de M. Borde, ingénieur).
Pendant le jour, chaque garde exerce une surveillance sur 3 kilomètres et pendant la nuit sur 8 *kilomètres*. On comprend qu'une surveillance de 3 kilomètres pendant le jour puisse être efficace ; on ne peut l'admettre pour un parcours de 8 kilomètres la nuit, car il est fort difficile que, dans ces conditions, un garde puisse surveiller et défendre la voie. C'est la nuit surtout que le nombre des gardes doit être augmenté sur le service de jour : ici on a fait l'inverse. Il n'y a sur cette question aucun commentaire à faire, sinon que l'organisation nous paraît vicieuse ou malentendue.

chefs surveillants placés à 50 kilomètres l'un de l'autre, ils ne s'acquittent que fort imparfaitement d'un service pénible et peu rétribué.

GARDES-BARRIÈRES

Les gardes-barrières placés aux passages à niveau doivent interdire le passage aux chevaux et aux voyageurs, lorsqu'un train va passer. Ils ont aussi pour mission de faire le signal de ralentissement s'il y a moins de 10 minutes entre le passage de deux trains, et le signal d'arrêt s'il y a moins de 5 minutes.

Les gardes-barrières, comme les surveillants cantonniers, sont payés à raison de 60 à 70 fr. par mois. Cette rétribution étant insuffisante pour les faire vivre eux et leurs familles, ils sont donc obligés de travailler soit à la voie, soit au dehors et de faire faire leur service, pendant ce temps, par leurs femmes ou leurs enfants (1).

---

(1) *Chemin de fer de la Méditerranée* (M. BORDE).
Il y a trois classes de gardes-barrières :
La 1ʳᵉ classe a 80 fr. par mois,
La 2ᵉ   —   75   —
La 3ᵉ   —   70   —
Une somme de 5 francs est retenue pour la location de la maison, plus 3 p. 100 pour la caisse de retraite.
Pendant que les gardes-barrières travaillent à leurs cantonnements, les femmes gardent les barrières et font les signaux.
Elles reçoivent une indemnité de 10 fr. par mois.
Ajoutons que, dans cette Compagnie, les gardes-barrières sont obligés de faire le service de cantonniers surveillants, et nous voyons dans le procès de la Fouillouse qu'un des gardes-barrières de la voie princi-

Là est le danger! Par exemple, qu'un train qui vient de passer en retard soit menacé d'être tamponné par un train suivant qui lui-même peut être un peu en avance. La femme, dans les mille travaux du ménage pourra-t-elle se rendre compte si ces deux trains sont bien à l'heure réglementaire, et si ce dernier peut avancer sans danger? Non. Mise en défaut par quelques minutes d'avance, aura-t-elle le temps de déposer l'enfant qu'elle allaite pour se porter au secours du train menacé! Non... Alors qui fera les signaux pour avertir le train en avance? Personne, ou peut-être un enfant de 8 à 10 ans, qui n'aura pas la présence d'esprit de faire les signaux convenables ou la force nécessaire pour sonner de la trompe. Dans ce cas, le mécanicien et le chauffeur occupés sur leur machine, ne voyant ni n'entendant rien, croiront la route libre et viendront certainement tamponner le train qui avait du retard.

pale, accusé de n'avoir pas fait un signal d'arrêt, était en même temps aiguilleur sur un embranchement. Le service ainsi organisé ne peut être un bon service, et la multiplicité des fonctions de ces agents mal rétribués amène plus d'un accident.

Dans le même procès de la Fouillouse, une des femmes gardes-barrières accusée, de n'avoir pas fait les signaux d'arrêt, répond : — Je n'ai pas vu à quelle heure le train était passé, je n'ai pas de pendule, et ce n'est pas avec 10 francs d'appointements que je puis m'en procurer une. Et son avocat la défend en disant que la Compagnie devrait au moins lui fournir l'outillage nécessaire pour qu'elle pût s'acquitter des fonctions qui lui sont confiées.

AIGUILLEURS

Les aiguilleurs sont chargés du mouvement des aiguilles placées aux croisements et cnangements de voie. Le mouvement des aiguilles servant à faire avancer les trains dans telle ou telle direction, les fonctions de l'aiguilleur sont donc de la plus haute importance, puisqu'une erreur ou un moment d'inattention de cet agent peut amener une collision entre deux trains et provoquer une épouvantable catastrophe.

Ces agents, dont la responsabitité est si grande, ne sont pas payés en raison de l'importance de leurs fonctions ; excepté à Paris, où quelques-uns d'entre eux reçoivent 1,200 fr. par an, les aiguilleurs, sur tout le réseau du Nord, sont payés de 800 à 1,000 fr. seulement (1). Ces agents faisaient encore, il y a quelque

(1) *Chemin de la Méditerranée* (M. BORDE).

Un aiguilleur touche de 900 à 1,200 fr., et cette modeste rétribution est encore diminuée de 5 p. 100 pour le logement et de 3 p. 100 pour la retraite qui, pour un employé subalterne, est tout à fait insignifiante ou même illusoire.

Et c'est à cet infortuné qu'incombe la plus lourde part de responsabilité ! à lui de veiller nuit et jour sur la sécurité des voyageurs, à lui de répondre devant la justice des catastrophes arrivées sur la voie, à lui l'amende et la prison ! C'est de l'aiguilleur que dépend la plus grande sécurité des voyageurs. Sur dix accidents, il y en a six qui arrivent par des aiguilles mal données. L'aiguilleur est l'âme de la sécurité, et l'on confie ce poste important à des employés, disons ouvriers, payés à 900 fr., ce qui n'est pas assez pour vivre et trop pour mourir !

Serait-ce trop prétendre que de demander 1,800 fr. pour les aiguilleurs de première classe, et 1,500 pour ceux de deuxième ?

mois, 12, 16 et même 24 heures de service sans interruption ; et, par exemple, sur le chemin de fer de Ceinture, ce travail obligatoire de 24 heures était exigé des aiguilleurs tous les 15 jours pour changer leur service du jour à la nuit (1). (Il en était de même pour les chauffeurs manœuvrant dans la gare aux marchandises.)

Aujourd'hui ils ne font plus qu'un travail d'une durée

(1) *Chemin de Lyon* (M. Boutaud).

« Les grandes gares ont deux aiguilleurs, et des aiguilles, comme à Tonnerre, par exemple, sont distantes de plus d'un kilomètre de la gare. Le service des manœuvres des trains de marchandises et la . mise en tête des machines ne pourraient se faire sans une grande perte de temps, *si les aiguilleurs ne montaient sur les machines lorsqu'elles atteignent déjà une certaine vitesse*, et c'est là une cause fréquente d'accidents. Ces employés *font vingt-quatre heures de travail continu* à chaque reprise du travail de nuit, et *doublent leur service* lorsque l'un deux est absent. »

Le chef de gare d'Asnières faisait les fonctions d'aiguilleur, et la multiplicité de ses fonctions avait amené un assez grave accident ; le chef de gare d'Apilly, cité par M. *Bisson*, a bien plus de besogne encore, et son aiguille doit être parfois négligée. Enfin nous avons vu tout à l'heure que les fonctions d'aiguilleur étaient confiées à un garde-barrière sur la ligne de la Méditerranée.

Rappelons ici l'accident d'Arras, arrivé par suite de l'oubli d'un aiguilleur parvenu à sa dix-septième heure de travail, afin que nos lecteurs rapprochent des données fournies par MM. *Bisson* et *Boutaud* sur la durée de travail imposée aux aiguilleurs — *tous les quinze jours*, — l'affirmation de M. le Commissaire du Gouvernement, assurant que le fait d'Arras était purement accidentel, et que les vingt-quatre heures de service ne résultaient pas d'une obligation de l'aiguilleur. — Voici, du reste, les paroles de M. *Boinvilliers* : « Cet aiguilleur devait cesser son service après douze heures de travail. Qu'est-ce qui est arrivé ? Un de ses camarades, qui devait le remplacer à six heures du matin, est venu lui dire : — Jacques ou Jean, je voudrais n'arriver qu'à midi, fais-moi le plaisir de faire le service à ma place. »

de 8 à 12 heures, à la suite des réclamations qui ont surgi après l'accident d'Arras. Mais leur service est encore fort pénible; ainsi dans certaines gares, les aiguilles étant trop distancées les unes des autres ou se trouvant placées des deux côtés de la voie, les aiguilleurs sont obligés, pour s'acquitter de leurs fonctions, ou de monter sur les machines qui sont déjà en marche, ou de traverser la voie entre les vagons attelés, ce qui est une cause continuelle d'accidents.

Ce dangereux surcroît de besogne est dû à l'économie du personnel que fait partout la Compagnie du Nord, économie dont nous allons donner un exemple frappant : à la gare d'Apilly, sur la ligne de Saint-Quentin, il n'y a qu'un seul employé, qui est à la fois: *Chef de gare, aiguilleur, garde-barrière, chargé du service télégraphique et homme d'équipe pour manœuvrer les wagons laissés en gare.*

CONDUCTEURS, GRAISSEURS OU GARDES-FREINS

Nous arrivons maintenant au personnel des trains, qui, en outre des mécaniciens et chauffeurs, se compose des conducteurs et des graisseurs.

Le conducteur est chargé de la police et de la surveillance des trains, de la manœuvre des freins, du service des voyageurs et des bagages (1).

(1) *Chemin de Lyon* (M. BOUTAUD).

Ces agents étaient autrefois recrutés parmi d'anciens sous-officiers intelligents; mais, par mesure d'économie, la Compagnie a remplacé

Le graisseur ou garde-frein qui est sous les ordres du conducteur, partage avec celui-ci le service de police et de surveillance des trains; il a pour attributions spéciales : la surveillance des boîtes à graisse, la manœuvre des freins et l'appel des voyageurs dans les gares.

Le conducteur se tient habituellement dans le fourgon des bagages, le graisseur monte dans une guérite exposée aux quatre vents et où se trouve la manivelle des freins. Ces agents sont responsables de tous les faits relatifs aux fonctions multiples dont ils sont chargés, et dont ils ont bien de la peine à pouvoir s'acquitter.

Les conducteurs, qui sont tenus de fournir un cautionnement de 1,300 fr., ont un traitement qui varie de 1.200 à 1,600 fr., les graisseurs, qui fournissent un cautionnement de 100 fr., reçoivent 1,000 fr. par an (1).

les chefs de trains par des conducteurs, qui coûtent beaucoup moins et sont plus dociles. Mais ils savent à peine lire et écrire, ignorent ce que c'est que le tableau graphique et sont tous incapables de calculer la vitesse de leur train. Il est inutile de signaler les graves inconvénients qui peuvent résulter de l'emploi d'agents ignorant les garages et l'heure de départ des trains qui les précèdent ou qui les suivent.

Dans les petites stations où il n'y a pas de service de nuit, ces agents sont souvent astreints, la nuit, à manœuvrer les disques et les aiguilles quand ils ont à laisser du matériel vide. Exemple de l'inconvénient qui peut en résulter : Accident de Fleurville; le conducteur se trompe d'aiguille, une collision a lieu, le mécanicien et un chef de train sont blessés; le conducteur est condamné pour avoir manœuvré l'aiguille par ordre de l'administration, mais contrairement au règlement.

(1) Un graisseur touche 1,000 fr. par an, soit 83 fr. 35 cent. par mois; mais comme il doit s'habiller à ses frais, la Compagnie ne fournissant du costume que les plaques et les boutons, il lui reste pour se nourrir, déduction faite des dépenses d'habillement, de blan-

Le conducteur, que ses fonctions de comptable empêchent le plus souvent de veiller aux signaux du dehors et aux accidents qui peuvent arriver à quelque voiture du train, a commencé par être graisseur ; il importe donc de savoir comment on procède au choix des graisseurs.

Vous êtes sans ouvrage, vous vous présentez au bureau du mouvement, on vous introduit. — Votre lettre de recommandation ? vous demande le chef de bureau. Vous la lui présentez. Si elle est suffisamment blasonnée : Accepté ; autrement : Refusé. Le chef de bureau sonne, un employé subalterne paraît, vous le suivez. Cet employé vous dicte quelques lignes. *Si vous les écrivez lisiblement, cela suffit : votre intelligence, vos talents sont connus.*

Le lendemain vous allez aux ateliers, vous suivez un ouvrier que le maître vous désigne ; cet ouvrier a pour mission de vous montrer les boîtes à graisser et les freins. Ce stage dure de 8 à 10 jours, suivant les besoins du service ; et comme l'administration n'y attache que peu d'importance, vous pouvez vous en dispenser en régalant l'ouvrier qui vous a été désigné. Ensuite un

chissage, de loyer, etc., comptées au plus bas mot, 39 fr. 15 cent. par mois, 1 fr. 30 cent. par jour. Avec cette somme, peut-il vivre ? Non ; il cherche donc à augmenter son traitement par d'autres moyens, et le plus souvent il a recours à la contrebande. Il part, supposons de Charleroi, avec un kilogramme ou deux de tabac et quelques cigares. Dès le moment du départ, plus de repos pour lui, son esprit inquiet ne songe qu'à dépister le douanier. Quant au service, il ne vient qu'en seconde ligne, car sa cargaison doit lui rapporter 5 ou 6 francs, autant et plus que le salaire de deux journées de travail.

graisseur de gare vous montre à lever et à fermer les boîtes, à y mettre de la graisse ; cet apprentissage vous demande deux jours.

Alors on vous délivre drapeaux, pétards et, de plus, une théorie de 277 pages ; libre à vous de vous instruire. De sorte qu'il arrive *souvent* qu'un nouveau graisseur part pour la Belgique, pour Calais ou pour Boulogne, sans se douter seulement de la grande responsabilité qu'il a dans le service des trains.

Enfin quand, par routine, il le sait, son salaire si minime l'engage tellement peu à s'exposer à la pluie ou au froid, que le plus souvent, et en dépit des règlements, il entre dans un compartiment de voyageurs. Si le temps est beau, il fait tranquillement un somme dans sa guérite, pendant que le conducteur classe ses colis dans le fourgon aux bagages (1).

---

(1) Je ne puis mieux montrer les graves inconvénients des doubles fonctions des conducteurs de trains qu'en donnant la défense des deux conducteurs poursuivis à la suite des deux accidents de la Fouillouse et de Pierrefitte, — pour n'avoir pas obéi aux signaux d'arrêt et prévenu le mécanicien. — Me Humblot, cour de Lyon, 15 décembre 1863.

« L'express s'arrète 15 minutes à la gare de Saint-Étienne. Pendant ce court espace de temps, le chef de train doit procéder à la distribution des bagages et des marchandises à destination de Saint-Étienne. — En cours de marche, il est surchargé de travail. De nouvelles marchandises, de nouveaux bagages ont été pris à Saint-Étienne, il doit les classer immédiatement, et la moindre erreur dans le classement est punie d'une amende. Il a en outre une certaine comptabilité à tenir. Tout ce travail, le chef de train le fait dans son fourgon, et ce n'est qu'après l'avoir terminé qu'il peut monter dans la vigie qui surmonte ce fourgon et de là dominer la voie. « Il n'aurait pas dû, dit-on, permettre au mécanicien d'accélérer la marche de l'express... C'est le mécanicien seul qui peut et qui doit mesurer la

MÉCANICIENS ET CHAUFFEURS

Il n'est pas de voyageurs riches ou pauvres qui ne sachent qu'à la tête du train dans lequel ils sont plus ou moins commodément placés est attelée une puissante machine qui les entraîne avec rapidité dans l'espace.

vitesse du convoi. Le chef de train n'a point d'ordres à lui donner à cet égard. Y eût-il eu accélération de vitesse, Barbet *n'aurait pu s'en apercevoir*, et en tout cas il ne saurait en être responsable. »

Me Martini. — Tribunal correctionnel de Paris, 30 janvier 1864.

« Le chef de train est enfermé dans son wagon; il est surchargé d'occupations diverses; c'est lui qui doit prendre et livrer les wagons à chaque station, lui qui est chargé de dresser les feuilles de route, les feuilles de service, les états de comptabilité, et il faut que ces différentes écritures soient terminées à son arrivée au point extrême de son voyage. « S'il s'agit de ce qui se passe sur la voie, de signaux, de disques, de drapeaux, de bonne foi, comment voulez-vous que le chef de train les aperçoive? Il est dans son fourgon. Pour exercer une surveillance efficace sur la voie, il faudra donc qu'il tienne constamment ouvertes les deux portes de son wagon, car les signaux se peuvent faire sur l'un ou l'autre côté de la voie; il sera donc là entre ces deux portes exposé à un courant d'air mortel, et cela pendant le jour, pendant la nuit, pendant un voyage qui peut durer dix, douze, quinze heures. — Il y a impossibilité matérielle dans l'accomplissement de ces deux devoirs, et c'est ce que dit, en ces termes, l'ingénieur de la Compagnie :

« Le chef de train est obligé de veiller aux signaux sans doute, « mais la nature de ses fonctions l'*empêche d'y veiller constamment*, et « ce n'est pas lui qu'on doit rendre responsable des dangers survenus « par les embarras de la voie. »

« Un seul remède au mal : dédoubler les fonctions et doubler le nombre des employés; l'un classera les bagages et fera la comptabilité, tandis que l'autre surveillera le train en marche et la voie. »

Sur cette machine-locomotive, deux hommes sont postés, qui, par leur intelligence, rendent cette masse de fer et de feu aussi docile que le coursier le mieux dressé. Ces deux hommes sont le *mécanicien* et le *chouffeur*. En route, devant eux tout s'efface, il n'y a plus d'organisation ni de chef possibles; ils peuvent disposer à leur gré, s'ils le veulent, de l'existence des voyageurs.

Puisque nous sommes, lorsque nous voyageons, obligés de remettre notre existence à la volonté de ces deux agents de la Compagnie, il nous importe au plus haut degré de savoir ce que doivemt être ces agents et ce qu'ils sont en réalité.

Quelles qualités exige d'eux le règlement? Capacité, intelligence, courage, sobriété et régularité; en un mot, toutes les vertus nécessaires pour prendre rang au nombre des immortels! Ajoutez à cela la responsabilité, et vous aurez le couronnement d'un édifice administratif.

Capacité. — Le mécanicien chargé d'entretenir la machine et le tender, et de constater chaque jour l'état des diverses pièces de la locomotive, doit être *ajusteur*, afin de pouvoir, en route, réparer lui-même une avarie survenue à sa machine. — Quant au chauffeur, il doit être pris parmi les ouvriers des ateliers, être instruit peu à peu par le mécanicien dans l'art de soigner et de conduire une machine, et, avant tout, il est tenu de savoir au besoin arrêter une machine.

Intelligence. — Le mécanicien et le chauffeur doivent connaître parfaitement les instructions relatives aux signaux et au service, instructions formant 106 articles et tenant 152 pages. — S'ils ne les connaissent pas parfaitement, ils sont passibles d'une forte amende, et même de révocation avec ou sans indemnité. En route, ils doivent tous deux surveiller attentivement les signaux de jour ou de nuit, prêter l'oreille aux appels et aux signaux détonants, et en même temps veiller à l'alimentation du foyer et à la marche de la machine. — Quant au mécanicien, on compte en outre sur son intelligente initiative pour parer aux circonstances imprévues et éviter par une manœuvre spontanée un accident possible (1).

(1) Delattre, *Tribulations des Voyageurs*.

Bien rapides doivent être les décisions d'un capitaine en détresse. Néanmoins, il lui est donné souvent de pouvoir compter l'heure et calculer les distances. Bien autrement énergiques doivent être les résolutions du mécanicien. Pour lui, ni heure ni distance, tout sera prompt comme la foudre. Un seul moment d'hésitation, l'abîme s'est ouvert ! Un éclair de génie, 600 hommes sont sauvés !

Entre cent exemples, rappelons l'accident de Creil. Au détour d'une courbe, le mécanicien aperçoit la voie barrée par une voiture chargée d'énormes blocs de pierre. Aux freins ! crie le sifflet. — Non pas, il sera impossible d'arrêter à temps. La catastrophe est là, béante. Pas de freins ! hurle vivement le sifflet, et au même instant toute la vapeur est déchaînée ; la machine ne roule plus, elle vole avec furie. La montagne de pierre, broyée, mitraillée ! vole en éclats et le génie passe vainqueur.

Les voyageurs n'apprirent qu'à la station prochaine l'effrayant danger qu'ils ont couru. Profonde stupeur ! tous les fronts pâlirent.

A la suite de cet événement le mécanicien, M. Pilinski, fut promu au grade de mécanicien de 1re classe.

Journal populaire de Lille, 24 septembre 1864 :

« Un accident survenu jeudi au tunnel de Pierrepont a été, pour

Courage. — Il faut que le mécanicien conserve toujours son sang-froid en face du péril, et le règlement lui

l'un des mécaniciens, l'occasion de faire preuve d'un rare sang-froid.

« Après le choc des deux convois, le mécanicien du convoi de voyageurs, qui avait sauté à terre, encore meurtri de sa chute, et tout étourdi du coup, se rappelle qu'il doit être suivi, à un intervalle de temps peu considérable, d'un train de marchandises qui va, en se heurtant sur les débris, augmenter le désastre. Il remonte sur sa machine, se munit des signaux d'alarme, pétards et drapeaux noirs, et va les planter à l'extrémité du convoi, afin que le mécanicien du train qui s'approche puisse s'arrêter à temps. »

Messager de Bayonne, 6 mai 1865 :

« Le train de marchandises n° 1007, venant de Bayonne, au lieu de suivre sa voie ordinaire, prit, on ne sait trop comment, en entrant-dans la gare de Hendage, celle du dépôt, qui le conduisait tout droit dans la Bidassoa.

« Le chauffeur Cassagnabère, qui avait sa machine sur la voie prête à sortir du dépôt pour faire des manœuvres, remarqua le péril, car le train dévoyé arrivait avec une vitesse assez grande. Monter sur sa machine, serrer fortement les freins et attendre de sang-froid le choc dans l'espoir d'éviter une catastrophe, fut pour l'intrépide Cassagnabère l'affaire d'une minute. Le choc se fit en effet violemment sentir et la machine de secours recula vivement, mais heureusement sans dérailler ! — Le train n° 1007 avançait toujours ; quelques secondes encore et hommes, machines, train et marchandises disparaissaient pêle-mêle dans la Bidassoa !...

« Le danger était réel, imminent pour tous ; mais le calme, le courage et l'abnégation admirable du brave Cassagnabère étaient à la hauteur du danger. N'écoutant que son noble dévouement, Cassagnabère revint de toute la vitesse de sa vapeur sur le train en péril. Cette fois le choc formidable retentit au loin. Un premier wagon fut brisé, un second chargé de planches dérailla. Le train s'arrêta à quelques mètres du fleuve, le péril était évité ! Tout cela s'était accompli en moins de temps que nous n'en mettons à l'écrire.

« Par un bonheur providentiel, le héros de ce petit drame n'a pas eu défend, ainsi qu'au chauffeur, d'abandonner son poste, même en cas de danger personnel.

Sobriété. — Les mécaniciens ou chauffeurs trouvés en état d'ivresse pendant les jours de service doivent être immédiatement renvoyés. S'ils sont trouvés ivres au dehors pendant un jour de repos, ils doivent perdre un rang de leur classe, et en cas de récidive être congédiés.

Régularité. — S'ils ne se trouvent pas à leur poste à l'heure fixée pour leur service, ils sont mis à pied pour deux jours la première fois, pour quatre la deuxième fois, et la troisième fois on les congédie.

Responsabilité. — Les mécaniciens et les chauffeurs sont responsables à l'égard de la Compagnie des infractions au règlement qu'ils commettraient volontairement ou par négligence ; et en cas de collisions ou d'accidents, s'ils sont condamnés par les tribunaux, les peines ou amendes auxquelles ils auront été condamnés judiciairement ne se confondront pas avec celles infligées par la Compagnie. C'est-à-dire que si, pour une collision quelconque, le mécanicien et le chauffeur font un an ou deux de prison, et qu'une Compagnie, pour rétablir le prestige de sa bonne organisation, juge à propos, lorsqu'ils sortent, de leur infliger une nouvelle amende, ils n'ont qu'à s'incliner et à payer.

la plus petite égratignure. Quelques personnes qui étaient dans le train en ont été quittes pour la peur.

« Le mécanicien et le chauffeur du train n° 1007 ont seuls reçu de légères contusions. »

Voici ce que ces agents doivent être d'après le règlement : capables, intelligents, courageux, sobres, réguliers ; ils sont en outre sous le poids d'une lourde responsabilité. Comment donc arrive-t-il encore des malheurs causés par leur négligence ou par leur imprévoyance ?

C'est à quoi il est facile de répondre en prouvant que la Compagnie du Nord n'observe nullement les règlements. En effet, à force d'économiser son personnel, elle arrive à imposer à ses employés une durée de travail telle, qu'elle excède les forces humaines ; et comme elle ne leur accorde qu'un salaire insuffisant, elle est obligée de devenir chaque jour de moins en moins exigeante sur les conditions de capacité qu'elle serait en droit de demander pour assurer la sécurité des voyageurs.

Étudions d'abord comment on fait un chauffeur, puis un mécanicien ; ces deux hommes enfin qui ont tant de responsabilité, et à qui nous sommes obligés de remettre notre existence chaque fois que nous montons dans un chemin de fer.

COMMENT ON FAIT UN CHAUFFEUR.

La Compagnie a-t-elle besoin de chauffeurs, voici comment elle procède :

Elle fait dire ce qui suit par ses nombreux agents :
Dans mon dépôt j'ai besoin de 25 ou 30 chauffeurs ; ainsi donc, vous tous cordonniers, cuisiniers, pâtissiers,

tailleurs, etc., qui êtes sans ouvrage, accourez, et je vous occuperai (1).

(1) M. Bisson apprend au public comment la Compagnie du Nord parvient à faire au meilleur marché possible des chauffeurs et des mécaniciens.

Il est vrai que ce système est loin d'être sans danger pour la sécurité publique, et qu'un *pâtissier* ou un *cordonnier* improvisé chauffeur, peut compromettre gravement la vie des voyageurs, s'il vient à se trouver seul sur une machine par suite de la chute ou de la mort subite du mécanicien qui l'accompagne.

Les chauffeurs sont en outre chargés d'une partie des manœuvres de gare, qu'ils accomplissent sans l'aide d'un mécanicien, et leur inexpérience peut avoir encore ici les suites les plus fâcheuses. En veut-on un exemple, assez ancien il est vrai, mais très-analogue au fait rapporté par M. Boutaud. A la gare de Valenciennes, un chauffeur ainsi abandonné à lui-même se trompe de manœuvre, et, marchant vers l'Escaut avec une vitesse qu'il ne peut maîtriser, tombe dans le fleuve avec sa machine. Ne pouvait-il aussi bien rencontrer un train de voyageurs? Quels que soient ces dangers pour la sécurité publique, il paraît que le système de recrutement adopté par la Compagnie du Nord a de grands avantages pour les chemins de fer, car les choses se passent à peu près de même qu'au Nord sur le réseau de la Compagnie de la Méditerranée. Voici en effet ce que nous lisons dans le travail de M. Boutaud :

« Aujourd'hui, au chemin de fer de Lyon, les mécaniciens sont recrutés partout; des *chapeliers*, des *maçons*, des *clercs de notaire*, des *terrassiers*, forment généralement les mécaniciens, ou plutôt les conducteurs de machines; quelques-uns ont exercé des emplois plus infimes encore. Il est très-rare de trouver aujourd'hui non-seulement des hommes instruits aux écoles du gouvernement, mais encore des ouvriers sortant des grands ateliers de construction. Aussi un train de voyageurs ou de marchandises est-il resté en détresse, il faut attendre le secours de la gare voisine pour débarrasser la voie, les mécaniciens n'ayant aucune connaissance du mécanisme de la machine.

« Et, de plus, le secours étant porté par un chef ou sous-chef de gare et un mécanicien ayant les mêmes connaissances que celui qui

Nécessairement l'homme sans travail se hâte de répondre à une invitation aussi philanthropique, et il vient aussitôt se présenter. On l'introduit dans un dépôt; là une centaine de machines se présentent à ses yeux ; étourdi par le vacarme infernal que font toutes ces machines prêtes à partir, il ne sait trop où diriger ses pas. Après un moment d'hésitation, il s'informe où il pourra trouver le chef de dépôt qui doit l'occuper, et on le conduit devant un homme de haute stature, à l'air rébarbatif, qui lui demande insolemment ce qu'il vient faire. Le malheureux ainsi interrogé répond en balbutiant qu'il vient chercher du travail. On lui demande s'il sait lire, écrire et compter, et sur sa réponse affirmative, on le confie aux soins d'un chef d'équipe, chargé spécialement des nouveaux adeptes, qui, au même instant, lui donne une poignée de déchets et une burette d'huile de schiste.

Voilà la première étape de chauffeur ; notre homme est désormais nettoyeur, on lui accorde la mission de confiance d'enlever la graisse des roues d'une machine, moyennant la haute rétribution de 2 fr. 75 c. par jour.

était resté en détresse, il faut attendre de nouveaux secours. De là interruption des voies, pilotage, etc., inconvénients qui sont généralement la cause des collisions sur les chemins de fer.

« Un grand nombre d'accidents sont le résultat du défaut de connaissances des conducteurs de machines. Pour donner une idée des graves inconvénients que présente le recrutement des mécaniciens ainsi qu'il a lieu aujourd'hui, nous prendrons un fait et le plus singulier. Un chauffeur de nuit, autorisé à manœuvrer les machines, faisait une manœuvre à Tonnerre; il ouvre son régulateur, ne peut ou ne sait plus le refermer, et va se promener sur le chemin d'Epineuil à Tonnerre, où les roues de sa machine s'enfoncent dans les ornières du chemin vicinal. »

Deux ou trois jours après, quelquefois le lendemain, on fait monter cet homme, tout à fait étranger au service, sur une machine, et, tout tremblant de se trouver sur un véhicule qui, par ses allures, ne le rassure nullement, il se trouve, bon gré, mal gré, élevé au grade de chauffeur (1).

Remarquons en passant qu'au Nord *tous les nouveaux chauffeurs débutent sur les machines qui remorquent les trains de voyageurs.*

Comme on le voit, les progrès sont rapides dans cette Compagnie, et voilà comme on tient compte des articles du règlement qui exigent que le *chauffeur* connaisse *parfaitement* les instructions relatives aux signaux et au service, et soit capable, en cas de besoin, d'arrêter la machine.

CONDITION DU CHAUFFEUR. SOLIDARITÉ.

Si le mécanicien a plus de responsabilité que le chauffeur, en revanche celui-ci a plus de travail et est moins payé (il gagne 85 fr. par mois).

Les chauffeurs, dans la Compagnie du Nord, sont en quelque sorte considérés comme les esclaves du mécanicien, et il est malheureux d'ajouter qu'il se trouve des

(1) Tous les chauffeurs ne débutent pas ainsi; sur 100 chauffeurs nouveaux qui entrent chaque année au service de la Compagnie, 50 environ sortent des ateliers ; mais ces ouvriers capables ne font pas en général plus de deux à trois mois le métier de chauffeur.

hommes assez peu consciencieux pour abuser d'une autorité absolue qu'ils ne méritent pas.

Un chauffeur passant mécanicien, et appelé à commander à son tour, se rappelle les mauvais traitements qu'il a endurés, et fait au malheureux qui partage son travail toutes les misères que peuvent enfanter l'ignorance et la vanité ; de là des haines regrettables.

Un chauffeur me disait un jour, à la suite des mauvais traitements qu'il endurait de la part de son mécanicien, que, dans certains moments, s'il était en son pouvoir d'éviter un malheur où sa vie et celle de son mécanicien seraient en jeu, il n'en *ferait rien*. Cela dénote un mauvais fond sans doute, une haine bien vivace ; mais tout ce que je peux dire, c'est que je connais des hommes assez énergiques pour tenir foi à une pareille promesse.

Supposons qu'un mécanicien et un chauffeur viennent à se disputer sur une machine, qu'en résultera-t-il ? Ces deux hommes, occupés de leur querelle, cesseront d'apporter leur attention à l'état de la voie. Pendant ce temps la machine continuant toujours sa route, s'il existe un danger, qui l'évitera ? Si l'on fait des signaux, qui les verra (1) ?

Qui dit encore que ces hommes, voyant même ces signaux, mais surexcités par la colère, ne voudront pas

---

(1) Ce cas n'arrive pas tous les jours, mais enfin il arrive quelquefois ; le 10 avril 1865, à 6 heures 30 minutes du soir, un train s'arrête pendant 10 minutes entre Mitry et Dammartin, les voyageurs descendent pour connaître la cause de cet arrêt, et ils trouvent le mécanicien et le chauffeur en train de se battre sur la machine.

braver un danger, à la réalité duquel ils ne se rendront qu'après un malheur ?

Cette cause est-elle restée étrangère à tant d'accidents déjà arrivés ?

C'est sans doute en prévision des éventualités que l'autorité a jugé nécessaire d'établir la solidarité entre le mécanicien et le chauffeur.

Mais dans un accident d'un autre genre, cette solidarité n'offre aucune garantie nouvelle aux voyageurs, et elle ne sert plus qu'à frapper injustement un homme qui ne devait avoir aucune responsabilité de ce qui a pu arriver.

Qu'un mécanicien, soit par ignorance ou par entêtement, franchisse un obstacle ou force un signal, et que les conséquences de cette infraction au règlement soient un malheur. Dans ce cas, que peut faire *le chauffeur ?* Rien, absolument rien ; il est le spectateur impuissant et souvent la victime d'une imprudence qu'il ne peut empêcher. Il n'a pas le droit de faire une observation à celui qui a sur lui une autorité absolue, il n'a qu'à obéir et à se taire. Ceci lui est imposé par des lois qui ne sont pas écrites, mais contre lesquelles cependant il ne peut pas lutter. — Dans ce cas, la solidarité est donc injuste, et elle ne sert à rien autre chose qu'à alimenter l'antipathie qui existe entre le mécanicien et le chauffeur.

COMMENT ON FAIT UN MÉCANICIEN.

Lorsqu'il y a dix ou douze mois qu'un homme est chauffeur, on le fait appeler devant un ingénieur, qui lui fait subir un examen sur quelques articles du règlement.

Cet ingénieur doit être très-bon physionomiste; d'un seul coup d'œil il doit juger l'homme qu'il a devant lui. S'il reconnaît aux protubérances du crâne que son sujet n'a pas été des mieux doté de la nature sous le rapport de l'intelligence, l'affaire est bonne, car une partie du savoir demandé consiste à obéir aveuglément.

Que voulez-vous, il faut être coulant, sinon comment remplacer une dizaine de mécaniciens que l'administration révoque parfois d'un seul coup.

Il est juste d'ajouter que cet ingénieur est quelquefois un peu plus exigeant sur le choix de son personnel, cela dépend du nombre des aspirants à la place de mécanicien, des degrés de protection; en un mot, les moyens varient suivant les besoins et les circonstances, mais rarement d'après le degré de capacité.

Voilà tout l'examen d'un mécanicien, tout le savoir et toute la moralité qu'on exige de lui. Voilà comment on tient compte de l'article du règlement qui dit : « Les mécaniciens doivent être ajusteurs et capables de réparer eux-mêmes leurs machines. » — Ce n'est pourtant pas là une question sans importance, car l'homme qui est ajusteur connaît bien le système d'une machine, et, en cas d'avaries en route, il est à même d'y porter remède plus promptement que celui qui n'a pas la pratique du métier (1).

N'est-il pas à regretter qu'on ne se montre pas plus exigeant pour le choix d'un agent appelé à protéger la vie de milliers de voyageurs?

A-t-il bien la conscience de sa responsabilité? S'il l'a, il se croit capable de faire lui-même ce qu'il voit faire tous les jours, et si son inexpérience le fait hésiter, alors qu'il faudrait agir, il en est quitte pour une amende, et *il s'instruit aux dépens des voyageurs!* « Les nouveaux mécaniciens débutent *toujours* sur les machines qui remorquent les trains de voyageurs. »

NATURE ET DURÉE DU TRAVAIL.

Il n'est pas, je crois, de Compagnie qui tienne aussi peu à son personnel et qui l'accable d'autant de travail que la Compagnie du Nord, et c'est encore là une des principales causes d'accidents.

N'est-ce pas abuser de forces de l'homme que d'imposer aux mécaniciens et aux chauffeurs un travail de 30 heures sur une machine?

Quel goût ces hommes peuvent-ils avoir pour un

(1) Si, à l'affaire de *Pierrefitte,* le mécanicien du train tamponné eût été de la partie, le malheur ne serait peut-être pas arrivé.

Ne pouvant juger du premier coup d'œil le travail qu'il y avait à faire, le temps d'hésitation qu'il aura mis pour démonter sa bielle rompue, aurait suffi à un homme expérimenté pour remettre les choses en état, et le train aurait peut-être pu être reparti lors de l'arrivée de l'autre convoi.

Je ne dis pas cela pour nuire au mécanicien, je cite un fait.

métier qui leur impose des conditions aussi rigoureuses?
Ils s'acquittent de leur travail comme d'une corvée pénible à remplir, et assez souvent ils ne le font qu'en
attendant une autre occupation, ce qui est regrettable,
parce que, pour bien faire le service sur une ligne, il
faut des hommes qui aient acquis une longue expérience. (Le dépôt de la Chapelle occupe environ 100 mécaniciens, et chaque année la Compagnie du Nord fait
25 nouveaux mécaniciens.)

Le service des chemins de fer se fait autant de jour
que de nuit, même davantage la nuit pour les marchandises. Prenons pour exemple un train qui doit partir à
3 heures du matin. Le chauffeur, à cet effet, est obligé
de se lever à minuit, minuit et demi au plus tard, afin
d'arriver deux heures d'avance à sa machine avant de
se mettre en route, pour affronter pendant 30 heures le
froid ou l'eau qui lui tombe à torrents. Après les 2
heures de travail qu'il faut pour préparer la machine à
partir, le chauffeur et le mécanicien partent plus dispo-
sés à se recoucher qu'à se mettre en route.

Le parcours d'un dépôt à l'autre est d'environ 150 kilomètres, et le trajet dure en moyenne 10 heures (1).
Pendant ce temps, ces hommes n'ont pas même le temps
de manger, ou, s'ils ont 10 à 12 minutes d'arrêt, ils
n'ont aucun endroit pour prendre leurs repas, et il leur
faut manger à la dérobée (2).

---

(1) Il y a des trains de marchandises qui sont 14 ou 10 heures
en route, et d'autres 8 seulement ; nous prenons la moyenne de
10 heures.

(2) Le plus souvent ils n'ont que le temps d'aller prendre un verre

Enfin ils arrivent au terme de leur voyage.

Peuvent-ils, avant de revenir et d'endurer les mêmes misères, se reposer 6 ou 8 heures?

L'administration, pour paraître toujours en règle, met bien ce délai entre l'arrivée et le départ; mais il faut défalquer de ce temps de repos celui qu'exigent les soins à donner à la machine.

Ce train, qui est parti le matin à 3 heures, doit arriver à 1 heure de l'après-midi dans un autre dépôt. Eh bien, se dit l'administration, faisons repartir cette machine à 10 heures du soir, cela fera 9 heures que nos hommes auront pour se reposer.

Il est rare qu'en route un train de marchandises ne prenne pas *au moins* une heure ou deux de retard par suite des manœuvres de gare et du mauvais temps. Ce train, qui est censé arriver à 1 heure de l'après-midi, n'arrive donc en réalité, le plus souvent, qu'à 3 heures

de vin ou deux pour combattre le froid et la faim, et cela suffît pour les étourdir. La plupart finissent par contracter l'habitude de la boisson et beaucoup d'entre eux ne font jamais leur service *sans être à moitié ivres*. L'administration est assez tolérante sur ce point, parce que, si elle se montrait trop sévère, il lui faudrait renvoyer une partie de ses hommes et diminuer à l'avenir le service trop prolongé de son personnel. *Elle ne cherche pas à constater les contraventions*, elle se contente de renvoyer ceux de ses agents qui sont assez sots pour se présenter devant elle en état d'ivresse.

A l'appui de cette tolérance des Compagnies, on peut citer le passage suivant d'un jugement rendu le 22 août 1863 par la cour de Lyon, contre la Compagnie de la Méditerranée (*attendu que l'ivresse a été tolérée dans les ateliers*, que spécialement R..... en état d'ivresse a été trouvé par le gardien B..... endormi près de son fourneau, que l'ouvrier N..... a dormi aussi toute la soirée près de son fourneau, etc.)

mais le départ reste toujours invariablement fixé à 10 heures du soir.

En outre des petites avaries qui peuvent arriver en route et qui demandent réparation aussitôt qu'on est arrivé, il est un travail d'urgence qui ne peut jamais manquer d'être fait, c'est le nettoyage des tubes à air chaud et de la machine, l'approvisionnement de combustible, le graissage, le tender à emplir d'eau, etc. Tout cela demande un travail très-pénible de 2 heures. Restent 5 heures, sur lesquelles il faut prélever 3 heures pour le temps du repas et les soins à donner de nouveau à la machine avant le départ.

Sur les 9 heures comptées par l'administration, on n'a donc en réalité que 2 heures de repos pour le chauffeur (1).

Le mauvais état des lits n'engage pas même à aller se coucher pendant ces 2 heures, et il en est beaucoup qui reviennent sans s'être couchés (2).

(1) Le Gouvernement s'est plus d'une fois préoccupé de la situation faite à leurs employés par les Compagnies de chemins de fer, et nous trouvons la trace de ces préoccupations dans une circulaire ministérielles en date du 3 octobre 1856 :

« Je vous ai déjà fait remarquer combien il importe que la durée du travail journalier soit toujours en rapport avec le degré de fatigue ou d'attention qu'exige la nature de chaque fonction, et combien le service trop prolongé de vos agents peut créer de dangers pour l'exploitation... Cette observation s'applique plus particulièrement aux gardes, aux aiguilleurs, aux mécaniciens et aux chauffeurs, dont la ponctualité et la présence d'esprit sont indispensables pour assurer la sécurité de la marche des trains. »

(2) Les dortoirs des dépôts de Paris, Amiens et Tergnier sont excessivement mal tenus, et c'est ce qui empêche les hommes de se coucher.

Mais, me dira-t-on, ces hommes ont sans doute un long repos lorsqu'ils arrivent à Paris? Oh! oui. Ce long repos est de 10 à 12 heures, desquelles il y en a 5 à déduire pour faire l'approvisionnement, le nettoyage, etc. Restent donc 7 heures pour se reposer d'un tel trajet, et le même refrain est à recommencer d'un bout de l'année à l'autre (1).

(1) Voici maintenant ce qui, suivant M. Boutaud, se passe sur la ligne de Lyon :

« Entre Paris et Lyon, il existe quatre grands dépôts de machines : ce sont ceux de Montereau, Tonnerre, Dijon et Mâcon; ces dépôts sont des relais pour les machines et les mécaniciens.

« Le service des mécaniciens est excessivement pénible, car, outre les trains ordinaires, ils sont encore astreints à conduire des trains spéciaux formés pour les garés de dépôts, et *il n'est pas rare de voir les mécaniciens faire un service de 24 et même de 36 heures.*

« Un temps de repos de quelques heures leur est accordé à leur arrivée à la gare où ils ont conduit leur train; mais ce repos a lieu sur un lit de camp, au milieu des machines, d'ouvriers et de collègues qui, à chaque instant, s'occupent de préparer leur départ.

« Du reste, il arrive souvent qu'un mécanicien, après son service et au moment où il croit pouvoir se reposer, reçoit l'avis que la gare est encombrée et qu'un train spécial va avoir lieu; il va donc manger le plus promptement possible et se préparer à repartir.

« Le repos au dépôt n'est bien souvent qu'une fiction, et un grand nombre d'accidents sont le résultat de la fatigue. »

On voit par les déclarations de MM. Bisson et Boutaud, les chauffeurs et les mécaniciens, au Nord comme à la Méditerrannée, font un service continu de 24, 30 et 36 *heures*. A l'appui de ces déclarations, je citerai l'exemple du chauffeur Wanhalewyn, tombé de sa machine après un travail de 36 *heures*; ce malheureux, qui a perdu un bras et une jambe, attend encore, après neuf mois, la légitime indemnité qu'il a réclamée de la Compagnie du Nord.

Nous savons aussi que les sous-chefs de gare font toutes les semaines un service de 24 *heures*, service dont la durée peut aller jusqu'à 36 et 48 *heures*, et c'est un ancien sous-chef de gare qui nous l'apprend.

Dans de telles conditions, qui pourra s'étonner que, malgré les règlements, ces hommes cèdent au besoin invincible de sommeil qui les presse et profitent des voiles de la nuit qui les dérobent à toute surveillance.

Tandis que l'un conduit la machine, l'autre se couche

D'autres employés des gares ont des services aussi prolongés, et l'*Époque*, il y a peu de jours, nous apprenait la mort d'un employé de la gare de Bercy qui, forcé de partir comme conducteur de train, après un service de nuit, s'était laissé tomber de la vigie sur la voie où un train l'avait coupé en deux. Rappelons encore qu'il y a peu de mois encore le service de 24 *heures* tous les 15 jours était imposé aux chauffeurs de gare et à tous les aiguilleurs, à celui d'Arras comme aux autres, à cet aiguilleur qui, par un moment d'oubli, arrivé à sa *dix-septième heure* de travail, avait été cause d'un grave accident. Terminons par ce considérant de la cour de Lyon (22 août 1863), considérant d'un jugement accordant une indemnité à la veuve d'un ouvrier de la Compagnie de la Méditerranée :

« Attendu qu'un excès de travail a été, sinon imposé, au moins toléré de leur part (des ouvriers); que Saumetton spécialement *avait fourni sans trêve ni repos un travail continu de près de quarante heures !* »

Nous n'avons plus maintenant qu'à laisser nos lecteurs juges de la manière dont les agents du service de contrôle et de surveillance doivent renseigner le Ministre des travaux publics pour que son secrétaire général, M. de Bourenille, ait pu dire l'an dernier au Corps législatif :

« Deux commissions spéciales d'enquête ont examiné, chemin de fer par chemin de fer, quelle était la durée du service que les Compagnies exigeaient de leurs agents de diverse nature. Eh bien, les résultats de ces enquêtes a été ce que j'avais l'honneur de dire tout à l'heure, à savoir, *qu'on n'avait jamais découvert un fait réglementaire quelconque qu'on pût incriminer...* Il est parfaitement vrai que, sauf peut-être quelques cas particuliers, *les Compagnies ne demandent pas à leurs agents au delà du travail qu'ils peuvent accomplir.* »

Le Gouvernement est-il oui ou non mal renseigné par ses agents du contrôle?

Baron DE JANZÉ.

tranquillement pendant un temps convenu qui est presque toujours de la moitié du parcours pour le mécanicien et de l'autre moitié pour le chauffeur.

La nuit, ce n'est certes pas trop de deux hommes pour conduire une machine : comment s'en acquittera un homme tout seul ? Est-il d'ailleurs moins exempt du sommeil que son compagnon ? Il aura beau lutter, viendra un moment où il faudra succomber !... Alors qui dirigera le train ? Qui verra les signaux ?

Il est étonnant qu'il n'arrive pas plus de malheurs la nuit. Je ne sais si c'est à la circulation en moins des trains de voyageurs qu'il faut attribuer cela ou à un instinct secret qui avertit ces hommes du danger ; tout ce que je sais, c'est qu'on reste parfois étonné des dangers qu'on a évités, et qu'il est triste de voyager dans des conditions semblables (1).

A l'appui des considérations que je viens de présenter sur les dangers du sommeil, je vais rapporter deux faits qui, pour ne pas avoir été signalés par les journaux, n'en sont pas moins véridiques.

Quelque temps après l'affaire de Pierrefitte une catastrophe, pour le moins aussi épouvantable, manqua d'arriver dans la gare de Creil.

Vers les deux heures du matin, le train n° 4 qui, à cette époque, suivait de quelques minutes le train n° 2, était obligé, pour entrer en gare, d'attendre que ce dernier fût parti. Cette nuit-là, le mécanicien et le chauf-

---

(1) Il arrive souvent que les trains dépassent les gares de plusieurs kilomètres, et ce fait s'est produit à ma connaissance, sur la ligne du Nord, quatre fois en moins d'une année.

feur, succombant sous le poids du sommeil, arrivèrent en grande vitesse en gare, malgré les signaux d'arrêt; sans la présence d'esprit d'un aiguilleur, qui eut le temps d'aiguiller ce train sur une voie qui, *par hasard*, se trouvait libre, le pendant de la catastrophe de la Fouillouse se représentait sur le chemin de fer du Nord.

Voici encore un de ces cas où la vie des voyageurs ne tenait qu'à un fil, car il pouvait arriver que l'aiguilleur, confiant dans ses signaux, ne se fût pas occupé pour le moment de l'arrivée du train et n'eût pas, par conséquent, eu le temps de l'aiguiller.

Il pouvait encore arriver, ce qui arrive journellement, qu'il ne se trouvât aucune voie de libre. Il fallait donc fatalement, dans ce cas, laisser arriver le convoi sur le train n° 2, ou l'aiguiller sur les trains de marchandises; des deux côtés il y avait également danger de mort pour les voyageurs.

Voici le deuxième fait :

En 1863, par suite de travaux faits près de l'établissement du gaz d'Aubervilliers, la ligne de l'Est à cet endroit faisait son service sur *une voie unique*. Malgré les signaux réglementaires qui fonctionnaient régulièrement, à 6 heures du soir une rencontre, dont les suites pouvaient être une épouvantable boucherie humaine, eut lieu entre un train s'éloignant de Paris et un autre s'en rapprochant. Si l'intensité du choc n'eût été telle qu'il brisât les crochets d'attelage, 500 ou 600 voyageurs auraient été ou broyés ou précipités d'un talus, dont la hauteur à cet endroit est d'au moins 30 pieds (1). Grâce à

(1) Il est si vrai qu'on croyait à une épouvantable catastrophe,

cette rupture instantannée, il ne résulta de cette rencontre que des contusions plus ou moins graves.

J'interrogeai le mécanicien et le chauffeur qui avaient commis la faute ; pour toute excuse, ils me dirent qu'étant fatigués ils s'étaient endormis et n'avaient ainsi pu voir les signaux.

Si je ne rapporte que ces deux faits, c'est pour ne pas fatiguer l'attention de mes lecteurs, *mais je connais nombre de malheurs dont l'origine est le sommeil*, et qui prouvent de quelle importance il serait de ne pas laisser faire un trop long service aux chauffeurs et aux mécaniciens.

TRAITEMENT EN CAS DE BLESSURES OU DE MALADIES.
COMMISSION

Les mécaniciens et les chauffeurs astreints à un service si pénible, si dangereux et si peu rétribué, sont-ils du moins à l'abri des caprices de leurs chefs ; sont-ils assurés qu'en cas de maladies ou de blessures résultant de leur service la Compagnie du Nord pourvoira aux nécessités de leur existence ?

Dans de certaines Compagnies, les mécaniciens et les

surtout en voyant des wagons les roues en l'air, que l'administration du chemin de fer de l'Est, *pour cacher l'horreur de ce tableau*, ne se servit de torches qu'après s'être assurée qu'il n'y avait pas un grand malheur.

Pendant près de deux heures, les voyageurs se heurtèrent les uns contre les autres, *faute de lumière*.

chauffeurs sont commissionnés ; ils ne peuvent être renvoyés que pour une faute grave et sur la décision d'un comité composé à cet effet.

Au Nord, au contraire, les mécaniciens et les chauffeurs, bien qu'engagés au mois, sont révoqués du jour au lendemain, sans qu'il soit besoin d'alléguer aucun grief contre eux, et l'on trouve toujours quelque prétexte pour ne pas leur payer en entier le mois commencé.

Aussi chaque année le personnel des chauffeurs est-il renouvelé presque complétement, et sur 100 mécaniciens, 25 à 30 sont-ils remplacés dans le même délai.

Avons-nous besoin de faire remarquer combien cette déplorable manière d'agir est dangereuse pour la sécurité publique, puisqu'il en résulte forcément que les trains sont souvent conduits par des agents nouveaux et inexpérimentés, et s'instruisant aux dépens des voyageurs?...

Un mécanicien ou un chauffeur tombe-t-il malade à la suite d'un service si dur fait en plein air, la nuit comme le jour et par tous les temps ! la Compagnie, par pure générosité, car elle n'est pas obligée à le faire, lui paye demi-solde pendant un mois; le second mois elle ne paye plus rien, et le troisième, si la maladie persiste, elle lui donne son congé.

Citons le fait le plus récent :

Un mécanicien, après 16 ans de service à la Compagnie, tombe malade; il est jugé incapable de remonter sur les machines.

La Compagnie, pour l'*indemniser*, lui offre d'entrer aux ateliers; le mécanicien, à qui son état de santé ne permet pas encore de travailler, refuse, et la Compagnie le révoque en l'accusant d'ingratitude.

Il est vrai qu'en vertu des retenues opérées sur son traitement (4 fr. 50 par mois), ce mécanicien, qui a 37 ans, jouira, à 50 ans, d'une pension de retraite de 45 francs. Mais il a encore 13 ans à attendre pour être rentier.

En cas de blessures, c'est autre chose !

La Compagnie fera à l'employé des offres plus ou moins modestes, et s'il refuse, elle dira que le blessé est victime de sa propre imprudence, le traînera de juridiction en juridiction, afin qu'il attende un an ou deux le payement de la légitime indemnité qui lui est due (1).

Sans doute il faudra toujours finir par payer, mais l'exemple profitera à ceux qui seraient tentés d'imiter l'imprudent plaideur qui n'a pas voulu accepter les offres de la Compagnie.

Supposons, au contraire, que le chauffeur ou le mécanicien ait été blessé alors qu'il se trouvait en contravention avec quelqu'un de ces règlements, sur l'inexécution

---

(1) Citons quelques exemples récents à l'appui de cette allégation.

Le mécanicien Rothe ayant eu la jambe cassée et incapable de travailler, a attendu de la Compagnie pendant 18 mois l'indemnité qu'il lui avait réclamée judiciairement.

Le chauffeur Contard, blessé grièvement par l'explosion d'une chaudière, au mois de juillet 1864, attend encore une indemnité.

Le chauffeur Wanhelewyn, tombé de sa machine le 6 août 1864, après un travail de 36 heures et qui a perdu un bras et une jambe, a attaqué la Compagnie qui lui offrait d'abord 3,000 francs, puis, comme dernier mot, 4,000 francs d'indemnité. Incapable de travailler, il vit comme il peut en attendant que les tribunaux statuent en dernier ressort sur sa juste demande.

desquels la Compagnie sait si bien fermer ses yeux tous les jours, celle-ci sera impitoyable et refusera toute indemnité.

En résumé, ces agents de la Compagnie du Nord, surchargés de besogne, mal payés, sans garantie du lendemain, n'ont à espérer de l'administration qui les emploie rien en cas de maladie, bien peu de chose pour eux ou leur famille en cas de blessures ou de mort.

CONCLUSIONS.

De tous les faits que nous venons de passer en revue, il résulte clairement que l'organisation de certaines Compagnies est excessivement vicieuse, et qu'il est urgent d'y apporter des réformes indispensables, car tout ce que j'ai dit dans ce rapide exposé est de la plus exacte vérité.

Beaucoup de personnes s'imaginent que, pour arriver à une parfaite sécurité, il ne reste plus qu'à faire quelques innovations, ou tout au plus à faire l'application des inventions faites jusqu'à ce jour. C'est une grave erreur, car croyez bien, messieurs les inventeurs, que les administrateurs n'attendent pas après les créations de votre génie. Elles connaissent comme vous, et mieux peut-être, les améliorations possibles et nécessaires, et si elles n'en font pas l'application à leur service, c'est que rien ne les y force directement et que leurs intérêts en souffriraient.

Il est donc nécessaire que le Gouvernement vienne,

par son concours, mettre un frein à l'avidité impitoyable de ces puissantes Compagnies; car il est certain qu'elles s'écartent chaque jour davantage des salutaires règlements qui leur ont été imposés et de l'observation des mesures de prévoyance destinées à sauvegarder la sécurité publique.

La conclusion la plus évidente qu'on puisse tirer de tous les faits que j'ai signalés est celle-ci :

Tant que le système actuel existera, il y aura danger pour les voyageurs, et la boutade d'un écrivain qui a dit « que pour se détruire il n'y avait plus besoin ni de charbon, ni de poison, mais qu'il suffisait de prendre un billet de chemin de fer du Nord » , cette boutade pourrait bien être bientôt une vérité.

G. BISSON.

POST-SCRIPTUM

Lettre adressée au rédacteur en chef de l'ÉPOQUE,
le 11 *mai* 1865

« Monsieur le rédacteur en chef,

« C'est avec raison, il y a quelques jours, que vous faisiez remarquer que le public s'alarme vivement des nombreux abus qui se commettent journellement dans les Compagnies de chemins de fer. Mais ce que vous avez oublié de faire remarquer, c'est que les Compagnies attaquées aussi directement qu'elles le sont et ne se justifiant pas, on commence généralement à avoir la

conviction que leur silence est un aveu, et que, se sen-
tant répréhensibles, elles craignent le bruit et la lumière.

« Cependant, il ne faut pas prendre ce silence pour
un dédain indifférent qui s'occupe peu de ce qui se
passe autour de lui ; au contraire, divers syptômes ré-
vèlent que les Compagnies sont dans une sourde agi-
tation qui n'est pas sans inquiétude.

« Au Nord, par exemple, ces symptômes sont pour
l'observateur très-apparents ; à cette époque de l'année,
cette Compagnie a pour habitude, par suite de la diminution du transport des marchandises, de congédier
une partie de ses mécaniciens et de ses chauffeurs ; cette
année, au contraire, non-seulement elle ne renvoie
aucun de ces agents, mais encore elle en nomme de
nouveaux.

« D'autres signes trahissent encore que cette Compagnie, comme toutes les autres, n'est pas insensible
aux différents articles qui ont paru dans votre esti-
mable journal ; ainsi j'apprends à l'instant que certains
chefs sont beaucoup plus polis, que le service des agents
a sensiblement diminué, et que la visite et la rentrée
du matériel en mauvais état se fait dans de meilleures
conditions : c'est là une très-grande preuve de la vérité des reproches que nous avons adressés à cette Compagnie, puisqu'elle opère d'elle-même des changements
dont elle n'avait jamais pris l'initiative.

« Il est encore deux faits à l'appui de l'efficacité de
la campagne que l'*Époque* a entreprise. Les lecteurs,
par votre numéro du 22 avril, doivent se rappeler que

je disais qu'un mécanicien, après 16 ans de service, était menacé d'être révoqué parce qu'il était malade; eh bien, aussitôt l'article paru, la Compagnie s'est empressée de faire reporter cet agent sur le tableau de service et de lui payer le traitement de son mois, malgré qu'il eût été averti qu'il n'avait plus rien à attendre de la Compagnie.

« Je parlais aussi du respect de la vie humaine trop souvent oublié par la Compagnie. Depuis quelques· jours, l'ingénieur de la traction a fait afficher un ordre de service par lequel il défend aux mécaniciens et aux chauffeurs de graisser leur machine pendant qu'elle est en mouvement. J'ajouterai en passant que cet ordre n'est propre tout au plus qu'à couvrir la responsabilité de la Compagnie, puisque l'organisation du matériel, jointe aux primes d'économie sur le graissage, ne permet pas de mettre cet ordre à exécution.

«Toutes ces petites améliorations, groupées ensemble et provenant de l'initiative un peu tardive des Compagnies, ne prouvent-elles pas incontestablement, comme je viens de le dire, que ces Compagnies ne sont pas aussi irréprochables qu'elles voudraient le faire croire. Leur mutisme prolongé n'est-il pas aussi la preuve que, malgré leur puissance apparente, elles ne savent que se réfugier dans un silence craintif et prudent quand on les attaque de front et qu'on les assigne devant le tribunal suprême, l'opinion publique!...

« Recevez, monsieur le rédacteur en chef, l'assurance de ma considération la plus distinguée.

« BISSON. »

CONCLUSION

PAR LE BARON DE JANZÉ

CONCLUSION

RESPONSABILITÉ DES COMPAGNIES

Les Compagnies, en cas d'accident, allèguent toujours l'imprudence de la victime ou la force majeure, et elles vous traînent de juridiction en juridiction avant de se résigner à se soumettre à la juste réparation du mal que la faute de leurs agents a pu causer.

« Lors des débats, dit M. Delattre (1), il nous faut, hélas ! reconnaître que les Compagnies ont assez l'habitude de tout contester, et la durée des maladies, et l'intensité des douleurs, et la gravité des blessures, etc. L'un a une jambe de moins ! mais il est encore capable de travailler dans un bureau. L'autre a reçu des contusions graves ! mais ce léger malaise disparaîtra avec le printemps. Celle-ci est devenue veuve, son mari a été écrasé sous les débris des voitures ! mais elle est jeune : sur les ailes du temps la tristesse s'envole; elle trouvera bientôt

(1) *Tribulations des voyageurs.*

un mari beau, bien fait, riche, et qui rendra inutile la pension qu'elle réclame. »

Sous sa forme plaisante, la boutade de M. Delattre n'est malheureusement que l'expression de la vérité. Jamais les Compagnies ne veulent se reconnaître responsables des malheurs arrivés, jamais elles ne consentent, si ce n'est pour étouffer une affaire, à accorder aux victimes une indemnité proportionnée au tort qu'elles ont éprouvé.

« Un voyageur sans fortune, ou même un employé de la Compagnie, sans autre ressource que son travail, est blessé grièvement dans un accident ; il se fait soigner comme il peut ; puis, quand il commence à surmonter sa terreur, il s'adresse à la Compagnie qui, ayant fait le mal, doit le réparer. Il demande une légitime indemnité, et, quel qu'en soit le chiffre, il est toujours trouvé exorbitant. On lui répond (quand on lui répond), ou que ses prétentions sont exagérées, ou que la Compagnie n'est pas responsable, que c'est enfin un cas de force majeure, etc. Quand les choses vont au mieux, on lui offre une indemnité dérisoire. De là, forcément, poursuites devant le tribunal de première instance, lequel, quatre-vingt-dix-neuf fois sur cent, condamne la Compagnie à des dommages-intérêts sérieux.

« Six ou huit mois se sont écoulés, la victime du monopole obtient enfin justice ; elle se croit sauvée ; elle a vécu jusque-là de misère, de privations, elle et sa famille ; elle va pouvoir enfin acheter le pain de chaque jour. Mais la Compagnie, qui ne manque de rien, elle, et qui a des millions au service de son contentieux, n'exécute pas le jugement, et interjette appel devant la cour. Un an, quinze mois se passent, il faut les délais d'appel. La cour prononce un arrêt qui confirme ou même augmente quelquefois la sentence des premiers juges : tout est bien alors, et force reste à la justice.

« Mais pour arriver là que de souffrances, que de sacrifices, que de misères ·il a fallu supporter ! Et combien d'ouvriers et de voyageurs, rendus infirmes pour la vie, ne peuvent attendre ce certain, mais trop lointain succès ! Alors, pris par la famine, par des besoins de toute sorte, sachant que, s'ils plaident contre leur tout-puissant adversaire, il leur faudra avancer honoraires d'avoués, d'avocats, droits de greffe, de timbre et d'enregistrement, et attendre dix-huit mois ou deux ans, ils préfèrent transiger avec la Compagnie, qui abuse alors de la situation et paye une indemnité ressemblant plutôt à une aumône qu'à la réparation équitable du préjudice causé (1). »

Nous avions commencé à recueillir des faits à l'appui de cette infatigable persévérance des Compagnies à lasser les revendications les plus légitimes par l'épuisement de tous les recours, à les écarter d'avance par l'exemple salutaire des dépenses et des délais considérables imposés aux plaideurs par son conseil du contentieux; mais les faits se pressaient en foule, nous avons dû reculer devant l'immensité d'une tâche presque impossible et nous contenter de renvoyer nos lecteurs au compte rendu de tous les procès intentés aux Compagnies.

(1) **Lettre de M. Léonard, 27 avril 1865.**

Veut-on se rendre compte par un exemple de cette persévérance des Compagnies à invoquer la force majeure, sans s'arrêter à l'autorité de la chose jugée et en dépit de tous les témoignages, de leur aveugle obstination à renier toute responsabilité jusqu'au jour de l'arrêt qui les condamne en dernier ressort? Prenons l'accident de Beaucaire :

Le 23 août 1863, le train express de Cette à Tarascon déraillait entre le poste de Saint-Montant et le pont établi sur le canal de Beaucaire; 19 personnes furent blessées, 4 voyageurs furent tués, ainsi que le garde-frein et le mécanicien. Quelles étaient les causes du déraillement?

Huit jours après l'accident, le chef de gare de Tarascon aperçut sur la voie un gros crochet de fer surmonté de trois pierres; un enfant, Pierre Blanc, âgé de neuf ans et demi, convint que cette coupable tentative avait été faite par lui. Interrogé par les magistrats, il n'hésita pas à se reconnaître coupable de l'accident de Beaucaire, arrivé le 23 août.

« Conduit immédiatement sur le lieu du sinistre par les magistrats qui, de peur de paraître le diriger, le suivaient à quelque distance, il s'arrêta au pont du canal, et, s'appuyant sur le parapet, *il a avec deux individus* qui se trouvaient au-dessous sur la berge, contrairement aux consignes données à la gendarmerie, *établi une communication très-courte, dont la nature n'a pu être éclaircie par suite de la disparition subite de ces deux personnes.* »   (*Gazette des Tribunaux.*)

A la suite de cette communication mystérieuse, le jeune Blanc montre par où il s'est introduit sur la voie pour y mettre huit pierres qui avaient fait dérailler le train ; mais l'endroit où il aurait placé les pierres n'était pas suffisamment indiqué, d'autres contradictions se rencontraient dans ses dépositions, et après l'affirmation de ses parents, invoquant un alibi qui fut prouvé, le jeune Blanc avoua enfin qu'il avait menti en s'accusant à tort, et le 23 octobre le juge d'instruction rendait une ordonnance de non-lieu.

Le commissaire du Gouvernement, l'ingénieur du contrôle, le procureur impérial et le juge d'instruction s'accordaient tous à attribuer l'accident, d'abord à la rapidité des pentes et aux courbes trop peu développées, et ensuite à la vitesse excessive du train, attestée par les témoins.

Et cependant l'avocat de la Compagnie répond aux demandes en dommages et intérêts formées par les victimes de l'accident, ou par leurs familles :

« Que faut-il penser de l'incident du jeune Blanc ? Sans doute une instruction criminelle a décidé qu'il n'y avait pas lieu de le poursuivre ; *mais les tentatives criminelles sont très-fréquentes.* Du 7 janvier 1863 au 15 février 1864, il y a eu dix-sept tentatives de ce genre sur le chemin de Paris à Marseille.

« Quelle faute peut-on reprocher à la Compagnie ? Le profil de son chemin ? Mais il est établi avec l'approbation de l'État. La vitesse excessive ? Mais il est prouvé qu'elle n'avait rien d'exagéré. Rien ne prouve que cette vitesse n'ait pas été régulière, *et ce serait aux deman-*

deurs à prouver le contraire. En résumé, *on ne prouve absolument rien contre la Compagnie: on doit donc la déclarer non responsable.* »

Nous n'avons pas besoin de rappeler les condamnations sévères prononcées contre la Compagnie de la Méditerranée par la Cour de Lyon, à l'occasion de cet affreux accident de Beaucaire, que l'avocat déclarait dû *« à un cas fortuit qu'il était impossible de prévoir et dont la Compagnie ne pouvait répondre.* »

Maintenant un accident est-il arrivé par une faute impossible à dénier, lequel des agents de la Compagnie sera coupable de la faute qui a amené un malheur? — Aucun, à les entendre, et la Compagnie ne viendra pas apporter la lumière dans ce chaos où, quel que fût le coupable, sa responsabilité serait engagée. Au contraire, elle les fera défendre devant les tribunaux, alors même qu'elle les saura coupables (1).

Prenons l'accident de la Fouillouse : il y a eu 4 tués et 9 blessés ; neuf prévenus sont renvoyés devant le tribunal correctionnel. Y avait-il des coupables?

Le sous-chef de gare de Saint-Étienne prétend avoir agi avec *un excès de prudence* en faisant partir un train express 12 minutes après un train-omnibus, alors que

(1) M. l'avocat impérial Gauja a manifesté son mécontentement de voir la Compagnie faire défendre les deux inculpés par son avocat habituel, comme si elle tenait à ce qu'ils échappassent à l'action de la justice, *elle qui aurait dû être la première à les lui livrer dans l'intérêt de la sécurité publique.*

(*Salut public de Lyon,* 26 décembre 1863.)

les règlements l'autorisaient à ne mettre que 10 minutes entre le départ des deux trains (1).

Le chef de gare de Villars avait fait, disait-il, les signaux d'arrêt que le mécanicien et le chauffeur déclaraient n'avoir pas été faits.

Le conducteur du train, occupé à classer les bagages, ne pouvait surveiller la voie. — Un garde-barrière argue de sa qualité d'aiguilleur pour s'excuser de n'avoir pas fait le signal d'arrêt. Des femmes garde-barrières déclarent n'avoir pu se rendre exactement compte du temps écoulé entre le passage des trains, attendu qu'elles n'ont pas de pendule et ne peuvent s'en procurer avec leur traitement de 10 francs par mois.

Il y a faute et il n'y a pas de coupable; que dit la Compagnie? Rien! Mais ceux-là mêmes qui nient leur faute doivent être condamnés et sont, en effet, condamnés par le tribunal, qui mesure l'étendue du châtiment sur l'étendue du mal causé par l'imprudence ou la négligence de ces employés de la Compagnie.

Ce n'est que justice, et l'on peut répéter ici ces élo-

---

(1) Le prévenu, quant à l'interversion des trains, affirmait qu'elle avait souvent lieu, soit pour des trains de marchandises, soit même pour des trains de voyageurs, et le tribunal reconnaissait qu'il était autorisé par les règlements, à défaut de la plus vulgaire prudence, à faire partir un train-omnibus 10 minutes avant un express. — N'est-ce pas l'occasion de rapprocher la pratique de la théorie? — Nous avons vu la pratique, voici maintenant la théorie : « Aucune modification, quelle qu'elle soit, dans les ordres de service, soit pour les trains de voyageurs, soit pour les trains de marchandises, ne peut être mise à exécution qu'après avoir été autorisée par le ministre des travaux publics. » (*Explications des commissaires du Gouvernement devant la commission du Corps législatif en 1864.*)

quentes paroles prononcées dans une autre circonstance par un éminent magistrat (1).

« Quand on vous demande indulgence pour les coupables, ne devez-vous pas songer à ceux qui ne sont pas ici? Chacune de ces familles en deuil, chacun de ces blessés qui souffre a le droit de vous dire, et nous qui les représentons ici nous avons le devoir de vous dire en leur nom : Pitié, nous vous la demandons aussi, mais pitié pour les victimes et pour tous ceux qui peuvent être frappés de même! Pitié pour nous, si nous ne voulons voir nos enfants partis en habits de fête, et bientôt, comme les jeunes B... et V..., portés meurtris et mutilés sur un lit d'hôpital, ou si nous voulons, comme le sieur R..., voir écraser notre femme à nos côtés et ne nous relever nous-mêmes, au bout de plusieurs mois, de notre lit de souffrance que pour porter son deuil! Pitié pour nous, si nous ne voulons pas le sort de cet homme dont je ne dirai pas le nom et dont la raison, ébranlée par ce funeste accident, représente toujours à ses yeux cette scène de carnage et fait toujours entendre à son oreille les cris désespérés d'une mère qui, dans ce tumulte effroyable, cherchait ses enfants et ne les retrouvait pas ! »

Sans doute cette indignation est légitime, sans doute il faut que de pareilles catastrophes ne restent pas impunies, car le degré de civilisation d'un peuple peut se mesurer au degré de son respect pour la vie humaine.

Mais sur qui tombe notre indignation, sur qui frappe

(1) Genreau, avocat impérial. Tribunal correctionnel de Versailles.

le légitime châtiment? Sur un malheureux aiguilleur à 800 francs d'appointements, qui en est quelquefois à sa dix-septième heure de travail; sur un mécanicien qui a fait 30 heures de service presque ininterrompu; sur un sous-chef de gare qui a peut-être fait 24, 36 ou même 48 heures de service; sur une femme qui reçoit 10 francs par mois de la Compagnie pour faire des signaux et qui a manqué une fois à son devoir!

« C'est bien rarement qu'on voit s'asseoir sur le banc des accusés un chef de gare, plus rarement encore un inspecteur; et je demande si jamais on a vu traduire en justice, pour cause d'accident, un chef du mouvement, un chef d'exploitation, un directeur (1)? Sans doute, si ces employés supérieurs n'ont jamais été à l'état de prévenus, c'est qu'ils ne devaient pas l'être; mais alors que signifient ces gros traitements, qui ne s'expliquent plus s'ils ne sont pas comme une prime payée par les Compagnies pour la sécurité des voyageurs (2)? »

Comme M. Véron, nous avions été frappé, en parcourant la longue série des débats judiciaires de 1860 à 1865, de voir toujours la responsabilité des catastrophes incomber tout entière à d'infimes employés, à des ouvriers même, alors que souvent la faute nous semblait pouvoir remonter plus haut.

______

(1) Le directeur touche *cent mille francs*, le chef de l'exploitation *cinquante mille francs*, le directeur des travaux *cinquante mille francs*. les ingénieurs de l'exploitation *trente mille francs*, et les gratifications doublent souvent ces gros traitements.

(2) Véron, député (*Constitutionnel* du 18 novembre 1861).

Une fois, en 1861, nous avons vu un ingénieur de la voie condamné à 100 francs d'amende, sans doute pour l'exemple ; une autre fois, un accident étant arrivé par suite du défaut d'appareils télégraphiques au souterrain de Rilly-la-Montagne, et le parquet ayant voulu trouver l'agent spécial et responsable, on mit en cause l'ingénieur en chef. Celui-ci rejeta d'abord toute responsabilité, comme n'ayant pas reçu d'ordre du comité supérieur d'administration. *Mais comme il s'agissait alors*, dit l'avocat impérial, *de faire venir M. le comte de Ségur en personne*, l'ingénieur en chef finit par se reconnaître l'agent responsable. Traduit devant le tribunal, il fut condamné à un mois de prison et 1,000 francs d'amende. Mais ce cas est unique, nous le croyons, et plus d'une fois, en parcourant le martyrologe judiciaire des victimes des chemins de fer, nous nous sommes associé aux sentiments de l'avocat général Thévenin, exprimant hautement le regret que les Compagnies ne pussent être atteintes que comme civilement responsables, alors que de graves reproches peuvent leur être adressées.

DES ACCIDENTS

S'il arrive un accident, le public l'apprendra quelquefois, le Gouvernement le saura peut-être ; mais ni l'un ni l'autre ne pourront être assurés d'être exactement renseignés sur les causes, l'étendue et la gravité de cet accident. Les journaux, qui ont vendu leur droit d'aînesse pour un plat de lentilles, pour des passes gratuites , ne diront mot si l'accident est peu grave ; si, au contraire, les besoins de la publicité les obligent à ne point passer absolument sous le silence une véritable catastrophe, ils publieront seulement les procès-verbaux de l'accident, procès-verbaux palliés et rédigés par les Compagnies elles-mêmes. Le public n'apprendra donc rien des journaux. Apprendra-t-il quelque chose de l'administration supérieure ? Pas davantage ; le ministre des travaux publics ensevelit religieusement dans ses cartons les rapports des ingénieurs du contrôle que, pour suppléer au silence de la presse, *il devrait publier chaque mois tout au long dans* le Moniteur.

Lui-même n'est pas toujours exactement renseigné ; plus d'une fois les commissaires de surveillance se sont plaints d'être prévenus trop tardivement pour être à même de constater l'étendue du mal ; lorsqu'ils arrivent, le mal est réparé en partie, les blessés et les contusionnés ont disparu, et « des agents de la Compagnie vont à domicile étouffer les plaintes des victimes, soit à prix d'argent, soit même par des intimidations (1). »

Ces commissaires de surveillance eux-mêmes, grâce à la situation dépendante faite au contrôle, situation que nous examinerons tout à l'heure, ne font pas toujours leur devoir (2), et il arrive souvent que, trompés sur la gravité des accidents, ils se croient à tort dispensés de les signaler à l'attention de l'ingénieur du contrôle.

Veut-on une preuve décisive des *lacunes* du contrôle?

(1) **Véron**, député (*Constitutionnel*).
(2) **Voyez** accidents Bouniol et Callet ; dans ces deux cas, les Commissions de surveillance *n'avaient fait aucun rapport.*

Nous l'empruntons à la *Gazette des Tribunaux*, en rappelant que les Commissaires de surveillance ne sont pas *astreints* à faire de rapport sur les collisions qui n'ont amené ni mort, ni blessures :

« Le 25 octobre 1864, à 450 mètres de la gare de Mulhouse, un train de ballast et un train de voyageurs se heurtent, et les deux locomotives subissent de grandes avaries. *Cependant on* (la Compagnie et le contrôle) *s'accordait à dire que personne n'avait été blessé ni contusionné.* Malgré ces assurances, le parquet de Mulhouse requit une information. Il résulta de la déclaration des témoins que la commotion avait été épouvantable. Le sieur Wetter, placé dans un compartiment en face de sa servante, avait, lors de l'abordage, reçu celle-ci en pleine poitrine. Malade depuis, il lui était impossible de se livrer à aucun travail. Une malheureuse femme, lancée sur son voisin, a eu plusieurs dents brisées et s'est évanouie de douleur ; un autre voyageur, jeté en avant, a été grièvement blessé à la jambe gauche ; un autre encore, chez lequel le choc a déterminé un ébranlement général du corps et surtout des voies respiratoires, était, d'après la constatation d'un médecin, menacé d'une infirmité perpétuelle ; d'autres voyageurs enfin ont eu des blessures ou des contusions d'une nature plus ou moins grave. »

L'exemple est-il assez saisissant, et croit-on que c'est auprès de l'administration supérieure, éclairée par un contrôle complaisant ou abusé, que le public pourra trouver des informations complètes et exactes ?

S'adressera-t-il aux employés de la Compagnie ?

« Dès qu'un accident se produit, tous les employés semblent avoir perdu l'usage de la parole ; en vain chacun les cherche-t-il pour les interroger, se renseigner sur le malheur arrivé, sur les circonstances qui l'entourent, sur le nombre approximatif des victimes : chacun d'eux disparaît, ou, s'il se trouve pour les besoins de son service en face du public, il s'empresse de ne rien répondre aux mille questions toujours inquiètes du public. »

(EMION, *Manuel des Chemins de fer.*)

Cette attitude des employés vis-à-vis du public se comprend, quand on sait quel péril il pourrait y avoir pour eux à devenir témoins à charge ; et ce danger explique pourquoi, dans bien des affaires que nous pourrions citer, les tribunaux ont dû *reprocher* tous les employés que les Compagnies voulaient faire entendre comme témoins.

M. *Boutaud*, sous-chef de gare à Montereau, a été révoqué, après quinze années de service à la Compagnie de Lyon, *parce qu'il avait fourni une note sur une collision à un commissaire de surveillance ;* et dans deux affaires graves, le ministère public a pu reprocher à une Compagnie de chemins de fer d'avoir frappé de destitution ceux de ses employés qui avaient été témoins à charge dans un procès antérieur. Comme on le voit, le public, en cas d'accidents de chemins de fer, ne peut espérer d'informations sérieuses et exactes ni des journaux, ni de l'administration supérieure, ni à plus forte raison des employés de la Compagnie malheureuse ou coupable.

Et c'est à bon droit qu'il n'ajoute que médiocrement foi à ces statistiques trompeuses qui, basées sur des éléments incomplets et inexacts, lui présentent comme presque absolue la sécurité des voyageurs sur les voies ferrées de la France.

INANITÉ DU CONTRÔLE

Nos lecteurs doivent être maintenant suffisamment édifiés sur l'inanité du service de contrôle et de surveillance des chemins de fer, en ce qui concerne l'exécution des règlements destinés à sauvegarder la sécurité des voyageurs.

Le contrôle est tout aussi illusoire en ce qui concerne l'application des tarifs et la surveillance de l'exploitation commerciale, et il y aurait un gros chapitre à faire sur ce sujet. Disons-en un mot seulement. Les Compagnies, grâce aux erreurs matérielles d'application commises par leurs employés, grâce à la diversité des tarifs applicables aux expéditeurs (tarif général, tarifs spéciaux, communs et internationaux), font payer chaque année au public *plusieurs millions* qu'il ne devrait pas payer.

Les comptables des Compagnies établissent à l'actif de l'expéditeur le montant de la surtaxe *illégalement perçue* à son détriment; mais s'il ne réclame pas, les Compagnies gardent cette recette *extraordinaire*, et dans leurs comptes rendus on ne voit pas figurer un article ainsi conçu : « Produit des erreurs commises au préjudice des expéditeurs qui n'ont pas réclamé. »

Ce procédé peut déjà paraître assez irrégulier ; mais que faudrait-il penser de la Compagnie de la Méditerranée, s'il fallait ajouter foi aux assertions d'un journal que j'ai sous les yeux (1) ?

Cette Compagnie verserait le produit de ces surtaxes illégitimement perçues à la caisse de retraite de ses employés, et encouragerait ainsi ces agents à se tromper le plus souvent possible au détriment des expéditeurs (2). Si cela est vrai, le contrôle approuve-t-il cet emploi humanitaire des surtaxes perçues illégitimement ? Nous pourrions, jusqu'à un certain point, absoudre cette excessive indulgence pour des faits résultant seulement d'une application erronée de la loi ; mais, dans les deux cas d'infraction constante et positive à la loi que nous allons citer, quelqu'un pourra-t-il admettre que le contrôle soit excusable de fermer les yeux ?

Nous empruntons le premier fait à M. Léonard :

(1) *Salut public* de Lyon, 8 mars 1855.

(2) Au contraire, en cas d'erreur au préjudice de la Compagnie, le montant de l'erreur sera retenu à l'employé, qui, en outre, sera passible d'amende. Veut-on un exemple de la sévérité des Compagnies pour la moindre erreur de ses employés ? Nous l'emprunterons au travail de M. Borde :

« Un employé comptable de Nemours s'est trompé dernièrement en
« omettant de faire suivre comme débours une somme de 15 fr. —
« Son chef direct lui a appliqué 2 fr. d'amende ; l'agent général 5 fr.
« et M. le directeur général 200 fr. — Sur l'observation qu'on lui fit que
« cet agent ne gagnait que 116 fr. par mois et qu'il avait une femme et
« trois enfants, il répondit : « On retiendra 50 fr. par mois jusqu'à
« parfait payement. » Triste concession ! »

« L'art. 17 du cahier des charges du 6 avril 1855 obligeait la Compagnie de l'Ouest à ne percevoir, entre Sillé-le-Guillaume et Fresnay, les frais de transport et les tarifs que pour 31 kilom. (moitié de la distance réelle) (1). »

Malgré cette clause formelle, la Compagnie de l'Ouest se contenta de faire cette réduction pour les voyageurs et pour les tarifs généraux, qui sont toujours calculés sur les distances à vol d'oiseau ; mais elle continua d'appliquer, à raison de la distance réelle (62 kilomètres), les tarifs spéciaux (grains, alcools, houilles, charbons de bois, engrais, etc.).

« Ce ne fut qu'à la fin de l'année 1863, ajoute M. Léonard, que je découvris cette perception inique, et j'obtins, non sans peine, au profit d'une foule de négociants que je pourrais nommer, des restitutions importantes. Il ne se passe pas de semaines où je ne demande à la Compagnie de l'Ouest des restitutions de taxes portant sur la question des 31 kilomètres de Sillé-le-Guillaume à Fresnay. »

Il est facile de comprendre l'énormité du chiffre ainsi perçu par la Compagnie de l'Ouest au préjudice du commerce, depuis l'année 1856 jusqu'au 2 juin 1864, toutes les marchandises d'un tonnage important qui ont voyagé de Rennes à Cherbourg, et *vice versâ*, ayant supporté la taxe de 31 kilomètres en trop.

Je dis : jusqu'au 2 juin 1864, parce que, à cette date

_____

(1) La Compagnie pouvait s'exonérer de cette charge en construisant un embranchement de Sillé-le-Guillaume à Fresnay.

seulement et sur mes instances réitérées, la Compagnie
adressa à tous ses chefs de gare une circulaire leur prescrivant de réduire effectivement dans l'application des
taxes les 31 kilomètres dont la réduction, quoique formellement prescrite par le cahier des charges, avait été
considérée jusque-là comme lettre morte.

La seconde infraction à la loi que j'ai indiquée plus
haut est empruntée par moi à l'excellent travail de
M. Borde, ingénieur et conseiller général des Bouches-
du-Rhône. Voici le fait, reprochable cette fois à la Compagnie de la Méditerranée :

« Dans les discussions soulevées en 1863 par la
Compagnie du Midi à l'effet d'obtenir de l'État le chemin
de fer direct de Cette à Marseille par le littoral, il fut
exposé et reconnu par M. le ministre que le projet de
la Compagnie du Midi raccourcissait la distance entre
Cette et Marseille de 45 kilomètres ; que dès lors,
puisque le projet de la Compagnie du Midi était re-
poussé pour maintenir le trafic à la ligne de Tarascon,
il fallait au moins faire profiter le public de la réduction
de parcours indiquée par la ligne du Midi. M. le ministre reconnut qu'il était de toute justice d'imposer
l'obligation à la Compagnie de ne percevoir, tant pour
les voyageurs que pour les marchandises, que le tarif
calculé sur 160 kilomètres au lieu de 205.

« Une convention intervint entre M. le ministre des
travaux publics et la Compagnie de la Méditerranée le
1ᵉʳ mai 1863, et fut annexée au décret du 11 juin même
année. Cette convention dit, dans son troisième para-

graphe de l'article 5 : « En ce qui concerne la ligne de
« Cette à Marseille, la Compagnie réduira à 160 kilo-
« mètres, pour les points extrêmes de la ligne, le nom-
« bre de kilomètres soumis au tarif pour les voyageurs
« ainsi que pour les marchandises à destination ou en
« provenance de Cette ou du réseau du Midi. »

Nous avons sous les yeux le texte de la loi contenue
dans le n° 1141 du *Bulletin des Lois* et sous le numéro
du décret impérial 11,555, le projet de loi présenté au
Corps Législatif et l'exposé des motifs ; partout nous
trouvons que la Compagnie de la Méditerranée est
obligée d'exécuter la convention du 1er mai 1863. Nous
ne voyons nulle part une indication d'ajournement. Le
décret est du 11 juin 1863, l'enregistrement du 23 juillet suivant.

Que faut-il en conclure ?

Que la Compagnie, en percevant encore aujourd'hui
le prix de 22 fr. 51 c. pour les voyageurs de Marseille
à Cette, au lieu de 17 fr. 82 c. perçoit 4 fr. 69 c. de
trop par chaque voyageur et 36 centimes en moyenne
par tonne de marchandise, aussi de trop.

De même que chaque fois qu'une marchandise n'est pas
classée dans sa véritable catégorie, il y a détaxe et rem-
boursement, il doit y avoir détaxe pour un trop grand
nombre de kilomètres appliqués. — Ce qui est vrai pour
la marchandise est également vrai pour le voyageur ;
nous croyons que chaque personne qui a parcouru la
ligne de Marseille depuis le 12 juin 1863 a droit au rem-
boursement de 4 fr. 69 c., au même titre que le rem-

boursement de 36 c. perçus en trop sur la marchandise
est dû à tout expéditeur pour chaque tonne trans-
portée.

« C'est le moment de nous demander, ajoute M. Borde
en terminant, à quoi sert le contrôle ? »

Il est facile de répondre à sa question. Le contrôle ne
sert, et avec son organisation actuelle il ne peut servir
absolument à rien, si ce n'est peut-être à assurer la
liberté d'action des Compagnies en entretenant les illu-
sions du public, qui s'en rapporte au contrôle du soin de
réprimer les écarts de cette liberté d'action, et croit à
la réalité d'une surveillance purement nominale.

Qu'est donc l'organisation actuelle du service de contrôle et de surveillance, et que devrait-elle être ?

Faut-il un contrôle ? En d'autres termes, faut-il que
l'État, qui, en France, a remis l'exploitation des chemins de fer aux mains de cinq grandes Compagnies,
pousse l'amour de la liberté jusqu'à laisser ces Compagnies maîtresses d'exploiter à leur guise ces merveilleux
moyens de transport dont la science a doté les sociétés
modernes ?

L'Amérique n'a pas pensé que l'État dût prendre aucun souci des intérêts et de la sûreté des citoyens, et
presque chaque jour les faits donnent de terribles et
cruelles leçons aux partisans de cette liberté illimitée de
dépouiller et de tuer. Deux trains se heurtent de front et
se pulvérisent; un train tout entier disparaît dans l'a-
bîme d'un pont entr'ouvert; on compte les morts et les
blessés, et si l'on parle du malheur qui vient d'arriver,
c'est seulement jusqu'à ce qu'une nouvelle et prochaine

catastrophe vienne faire oublier celles qui l'ont précédée.

En France, nous n'avons jamais eu ce mépris de la vie humaine, nous n'avons pas cru un seul instant que les intérêts de tous dussent être sacrifiés à ceux de quelques-uns, et nous n'avons pas fait des admirables créations de l'industrie moderne les émules de ces idoles à qui il fallait chaque jour des milliers de victimes. Dès le premier jour des concessions de chemins de fer, le Gouvernement réglementa et se réserva de réglementer sans cesse, suivant les leçons journalières de l'expérience, l'exploitation de ces nouveaux moyens de transport auxquels chacun allait se trouver obligé de confier sa fortune et son existence.

L'ordonnance royale du 15 novembre 1846 organisa le service de contrôle et de surveillance destiné à assurer l'observation de ces sages règlements, et, pour le dire en passant, cette organisation, inspirée par M. Dumon, ministre des travaux publics, est, à peu de chose près, celle que l'expérience conseillerait de substituer à ce qui existe aujourd'hui.

Alors les Compagnies étaient nombreuses et leurs rivalités les empêchaient d'être un pouvoir vraiment redoutable; alors aussi le contrôle était sérieux et efficace, parce qu'il était complétement indépendant des Compagnies. Cependant, dès 1848, un éminent magistrat que la cour de cassation pleurait il y a peu de jours, M. Nicias-Gaillard, disait, comme s'il eût pressenti l'avenir :

« Ce qu'il y a à craindre, ce n'est pas que le pouvoir soit toujours trop fort contre les Compagnies, c'est bien plutôt que les Compagnies ne soient pas trop fortes contre le pouvoir. »

Aujourd'hui, toutes ces petites sociétés rivales ont été groupées en cinq puissantes Compagnies, que l'on a appelées avec raison nos cinq grands commandements industriels. Mais, en revanche, le contrôle n'existe plus que nominalement; il y a bien encore des agents de contrôle et de surveillance, mais ils sont dans la main des Compagnies, qui les briseraient comme du verre s'ils s'avisaient par hasard de vouloir se prendre au sérieux.

Ce n'est pas assez que les administrations de ces Compagnies comptent au nombre de leurs membres des sénateurs, des députés, et presque tous les princes de la finance; que la Compagnie de l'Est remplace son président, appelé au ministère, par le sénateur que cette nomination prive du portefeuille; que ces Compagnies, si puissantes individuellement, solidarisent leurs pouvoirs en appelant tels ou tels à faire partie des conseils d'administration de deux ou trois d'entre elles en même temps; non, tout cela ne suffit pas encore.

Il faut, pour assurer l'omnipotence absolue des Compagnies, que les hommes mis par l'administration à la tête du service de contrôle se trouvent placés en face de leurs supérieurs hiérarchiques, *agents de la Compagnie.*
— Il faut que si, par hasard, ils se trouvent être hiérarchiquement les égaux des employés de la Compagnie placés sous leur surveillance, il faut que, dans ce cas même, ils leur soient tellement inférieurs par le chiffre du traitement qu'ils ne puissent jamais songer à se rappeler cette égalité hiérarchique, si ce n'est dans l'espoir

d'être à leur tour appelés à servir un jour comme eux ces libérales Compagnies (1).

Les 16 ingénieurs en chef du contrôle reçoivent de l'État environ 12,000 fr. chacun en moyenne ; les 49 ingénieurs ordinaires des ponts et chaussées et des mines chargés de les seconder reçoivent de 5,000 à 6,000 fr., en moyenne aussi. Les Compagnies ont à leur service 3 inspecteurs généraux, 19 ingénieurs en chef et 70 ingénieurs ordinaires, et elles leur allouent d'énormes traitements, que doublent presque chaque année les généreuses gratifications accordées à chacun des chefs de service.

Veut-on avoir l'idée de ce que peuvent être ces traitements, M. Borde va nous dire ce qu'ils sont à la Compagnie de Lyon :

« Le directeur général touche *cent mille francs* d'ap-

---

(1) Si nos généraux, lorsqu'ils ont assiégé Sébastopol, avaient su que dans la ville dont ils faisaient le siége se trouvaient leurs supérieurs, leurs collègues, leurs camarades d'école; et si, mal payés, mal nourris, leur plus doux espoir eût été d'être un jour admis à faire partie des défenseurs de la place bien fournie de vivres et d'argent, croyez-vous que leurs soldats auraient pris la tour Malakoff, et qu'eux-mêmes seraient jamais entrés en vainqueurs dans les murs de Sébastopol ?

Eh bien, les ingénieurs en chef du contrôle sont vis-à-vis des Compagnies de chemins de fer qu'ils sont chargés de contrôler dans la position où, par hypothèse, nous venons de placer nos généraux devant Sébastopol. Ils ne veulent pas, ils ne peuvent pas vouloir prendre les Compagnies en faute, ils n'entreront pas mèche allumée dans Sébastopol, et les commissaires de surveillance administrative, commandés par eux, ne prendront jamais la tour Malakoff.

pointements; l'ingénieur ordinaire des mines chargé de l'exploitation *cinquante mille francs;* le directeur des travaux (un ingénieur en chef des ponts et chaussées) *cinquante mille francs;* les ingénieurs de l'exploitation *trente mille francs.*

« Il est même difficile pour ces derniers de fixer exactement un chiffre, car ils sont payés partie par le service central, partie par l'exploitation. N'oublions pas d'ajouter que le chapitre gratifications augmente considérablement, *quand il ne double pas tous les chiffres ci-dessus.* C'est ainsi qu'un des ingénieurs d'un de nos grands réseaux, dont nous dirons le nom au besoin, a eu à peu près 100,000 fr. de gratification pour l'année 1862. L'ingénieur ordinaire des mines chargé de l'exploitation de la ligne de la Méditerranée suit les mêmes errements et peut arriver aux mêmes résultats. En résumé, la position de directeur général équivaut à celle de *deux ministres;* celle du directeur de l'exploitation à la position d'*un ministre;* du directeur des travaux à celle d'*un maréchal de France* en activité. L'ingénieur de l'exploitation vaut *deux sénateurs,* pour parler le langage économique des Américains. »

On m'affirme à l'instant que des gratifications de 150,000 fr. et 125,000 fr. viennent d'être accordées à certains gros bonnets de la Compagnie d'Orléans; je transmets la nouvelle, sous toutes réserves, à mes collègues de la Commission du budget chargés de réduire à leur juste valeur les demandes de garantie d'intérêts de nos différentes Compagnies de chemins de fer.

En attendant, je me borne à constater ce fait, qu'un ingénieur en chef du contrôle, chargé par l'État de surveiller une Compagnie dont les agents, ses supérieurs ou ses égaux hiérarchiques, sont ses camarades d'école, et qu'il trouve dans une position si peu comparable à la sienne, que cet ingénieur aura besoin d'une vertu surhumaine pour faire son devoir. Il lui faudra oublier tous ces liens si forts et si durables de la camaraderie, se fermer toute voie d'arriver un jour, lui aussi, à cette position enviée, s'attirer enfin de nombreuses et redoutables inimitiés et braver peut-être une mise en disponibilité.

Voici quelle position est faite aux ingénieurs en chef du contrôle, de qui relèvent tous les agents de la surveillance commerciale ou administrative ; et quand on se rappelle, en outre, que les Compagnies, par mille moyens plus ingénieux les uns que les autres, en sont arrivées à obtenir de la presse *le silence le plus complet,* c'est-à-dire ce que n'ont jamais pu parvenir à lui imposer les gouvernements les plus despotiques, on ne s'étonnera plus de ce que le contrôle ne soit plus qu'un nom.

On ne sera plus surpris de voir les ministres les mieux intentionnés s'épuiser en vains efforts pour rendre la vie à ce contrôle mort-né, et les Compagnies venir à bout des volontés les plus énergiques par une force d'inertie invincible, à l'abri d'une aussi ingénieuse organisation.

On n'aurait encore qu'une idée bien incomplète de cette puissance des Compagnies, si on s'en tenait à ce que nous avons dit jusqu'ici ; et il faut voir avec quels ménagements, avec quelles précautions oratoires l'administration recommande à l'attention des Compagnies les mesures les plus simples qu'elle aurait le droit de leur imposer.

Le Gouvernement ne s'avise pas de leur demander de rembourrer les bancs et les dossiers de bois des troisièmes classes ; de mettre dans les convois directs des voitures de toutes les classes, afin qu'au besoin l'ouvrier, comme le riche puisse arriver à temps pour embrasser une dernière fois l'un des siens. Il n'a pas l'impertinence de leur demander de munir toutes les stations d'un appareil photographique, comme cela a lieu en Prusse et en Autriche, afin que toutes les fois que cela est possible, un train après un sinistre soit photographié et que l'autorité puisse se rendre un compte exact de l'accident. Non, car il ne servirait plus à rien de prévenir un commissaire de surveillance tardivement, de façon qu'il n'arrive qu'après que la voie est déblayée, les blessés enlevés, alors seulement qu'il n'aura plus pour le renseigner que les employés de la Compagnie, des coupables ou des complices (1).

Mais quand, sous la pression énergique de l'opinion publique, il s'agit d'obtenir des Compagnies des mesures de préservation pour la sécurité des voyageurs, des mesures urgentes réclamées avec instance, avec terreur même par le pays tout entier, le Gouvernement n'en échouera pas moins contre la force d'inertie des Compagnies.

C'est en 1860 que le major Heppi et, après lui, M. Poinsot furent les victimes de Jud, et que le public, éclairé

____

(1) Réquisitoire de M. Genreau, 8 octobre 1860.

par ces attentats sur les dangers de la séquestration, adressa au Gouvernement une mise en demeure pour faire cesser au plus tôt un tel état de choses. Une commission d'enquête, nommée en 1861 par le Gouvernement pour aviser, déposa seulement en 1863 un rapport dans lequel elle se contentait de demander :

Que les Compagnies *fussent invitées* à pratiquer dans le délai de six mois, dans les compartiments de première et de deuxième classe, des ouvertures fermées par une glace transparente et placées au-dessus des filets à bagages. La commission avait en outre réclamé que la communication entre le conducteur et le mécanicien fût rendue obligatoire, *toutes les fois que la composition des trains ne s'y opposerait pas*, en d'autres termes, toutes les fois que cela conviendrait aux Compagnies.

Ces demandes étaient modestes, et le Sénat comme le Corps législatif ont chaque année appelé l'attention du Gouvernement sur la nécessité de donner satisfaction aux légitimes exigences du public.

Cependant les compartiments sont encore aujourd'hui ce qu'ils étaient il y a cinq ans, ou des cabinets particuliers, ou des cellules matelassées étouffant les cris de douleur et d'agonie.

Cependant, malgré l'affirmation du commissaire du Gouvernement en 1864, que les Compagnies avaient été mises en demeure de proposer, dans un délai de trois mois, un moyen de communication entre le mécanicien et les agents du train ; malgré cette affirmation, cette communication n'existait pas dans le train qui a déraillé à Boves au mois de mars dernier ; elle n'existait pas non plus dans le train où se trouvaient plusieurs de mes collègues, le 23 avril 1865 (1).

Ce moyen de communication, fût-il appliqué, serait insuffisant pour sauvegarder la sécurité des voyageurs dans la plupart des cas avec le système de séquestration auquel les compagnies nous condamnent. Il serait même parfois inefficace dans les cas même où il semble destiné à prévenir un malheur ; nous en trouvons la preuve dans le récit que nous lisons dans l'*Époque* du 10 courant ; car l'incendie avait lieu dans un train (armé de deux freins électriques et d'une communication électrique d'un bout à l'autre du convoi). Voici ce récit :

« Vendredi dernier, 28 avril, une dame prenait à Lunéville le train direct à 4 heures et demie du soir. Elle se plaça dans le compartiment des dames, où elle se trouvait seule avec son enfant de dix-huit mois. Vingt minutes environ après le départ de Lunéville et vers la station d'Emberménil, elle s'aperçut que le tapis semblait brûler du côté de la portière de droite, en même temps

(1) Le bandage de roue d'un wagon étant venu à se rompre, un accident des plus graves a failli arriver sur la ligne de l'Est, entre Oiry et Épernay.

Malgré les cris des voyageurs, malgré les signaux de détresse faits par le conducteur, qui agitait désespérément son drapeau, comme il n'y avait aucun moyen de communication établi entre le conducteur et le mécanicien, le train continuait d'avancer toujours à toute vitesse, et la voiture, sortant des rails, allait infailliblement être jetée hors de la voie. Heureusement le hasard voulut qu'à ce moment critique le train passât devant une petite gare dont les employés purent prévenir le mécanicien du danger que courait une partie du train qu'il remorquait.

que la fumée envahissait le wagon; elle s'approcha et découvrit avec son pied un trou de la dimension d'une pièce de 5 francs, par lequel la flamme fit invasion dans le wagon. Elle boucha immédiatement ce trou avec son pied, mais ne pouvant supporter la chaleur, elle eut l'idée d'appliquer sur l'ouverture l'un des coussins, qu'elle comprima avec ses pieds. Quelques minutes après, voulant se rendre compte des progrès de l'incendie et voir s'il y avait lieu de crainte sérieuse avant Sarrebourg, première station d'arrêt après Lunéville, elle découvrit le coussin, mais le feu avait déjà fait une trouée aussi large que le fond d'un chapeau : la flamme lui monta à la figure, et elle replaça précipitamment le coussin. Convaincue alors que dans quelques minutes le feu ferait irruption dans le wagon, vu la rapidité. avec laquelle il augmentait, elle se mit à appeler à la portière tout en maintenant le coussin avec ses pieds ; mais ses gestes désespérés et ses cris ne réussirent pas à attirer l'attention des gardes de passage à niveau ou des personnes qui se trouvaient sur la voie ou le long de la voie, ou, si leur attention était attirée, si elles voyaient le feu très-apparent déjà sous le wagon, elles ne pouaient faire arrêter et donner avis au mécanicien. Le train était déjà loin. Le chef du train, de son observatoire placé à l'arrière, ne voyait rien.

« Le convoi traversa la station d'Avricourt; le feu jaillissait alors en étincelles des deux côtés du wagon ; cette dame commençait à sentir le coussin s'enfoncer sous ses pieds, mais aucun employé n'était sur le quai et n'a pu, par conséquent, faire monter le disque ou faire un

signal d'alarme, et le train continua sa marche. Elle
chercha alors à attirer l'attention des voyageurs des
compartiments voisins, et elle réussit, en sortant à mi-
corps par la portière, à faire pénétrer sa main dans le
compartiment voisin. Sa main rencontra un bras qu'elle
secoua violemment. Le voyageur, ainsi réveillé, mit la
tête à la portière et vit le feu débordant le wagon. Ce
compartiment contenait deux voyageurs qui unirent leurs
cris à ceux de la dame, mais sans plus de succès. Le
train allait toujours et le feu aussi. Enfin et heureusement le train, près de Réchicourt, rencontra une certaine quantité d'ouvriers occupés à réparer la voie et
disséminés sur une grande longueur. Ils donnèrent
l'alarme, firent des signes de détresse qui furent aperçus
et compris de ceux qui étaient placés sur la machine, et
le convoi fut arrêté. Il était temps. Le feu fut en quelques secondes éteint avec l'eau de la machine ; des
hommes d'équipe montèrent dans le wagon avec des
seaux d'eau prêts à éteindre le feu s'il recommençait, et
le train repartit après un quart d'heure d'arrêt jusqu'à
Sarrebourg, où on laissa le wagon. Une dame du compartiment voisin, qui, folle de terreur, avait sauté hors
du train avant qu'il fût complétement arrêté, en a été
quitte pour quelques contusions. »

La communication entre le chef de train et le mécanicien est donc un préservatif insuffisant de la sécurité
des voyageurs ; la communication entre ceux-ci et les
agents du train serait ou insuffisante ou dangereuse, et
quoique M. le Commissaire du gouvernement, à la der-

nière session, ait semblé nous condamner à perpétuité au système actuel, nous persistons à penser que :

« Contre les dangers de diverse nature qui peuvent menacer le voyageur dans l'intérieur de la voiture où il est monté, il n'y a qu'un seul remède, l'abandon du système cellulaire.

« Cette réforme est-elle urgente? Le Gouvernement peut-il, *légalement*, et sans modifications du cahier des charges, imposer aux Compagnies l'établissement d'une communication intérieure entre toutes les voitures, d'un bout des trains à l'autre? »

C'est ce que nous allons examiner :

SÉQUESTRATION DES VOYAGEURS

Vous montez dans un wagon, vous vous placez à côté d'un ou de plusieurs inconnus, l'employé ferme la portière sur vous, et le train part.

Vous voici, jusqu'à la première station, pendant une heure et plus parfois, isolé du monde entier, sans aucun moyen de faire entendre au dehors vos cris de détresse, sans nul espoir de secours possible, quoi qu'il vous arrive.

Si une indisposition, si un grave malaise, vous surviennent peu de minutes après le départ, vous vous tirerez de là comme vous pourrez, ou vous mourrez sans secours dans les bras de vos compagnons de route.

Si un essieu, si un bandage de roue de votre wagon se brise, à moins d'un hasard providentiel, il faudra vous résigner à attendre, au milieu d'angoisses prolongées et d'horribles secousses, le moment fatal du déraillement.

Si le feu se met à la voiture dans laquelle vous avez eu le malheur de prendre place, vous serez infailliblement voué à l'horrible supplice de la mort au milieu des flammes.

Si enfin vous avez pour compagnons de route un ou plusieurs bandits, votre bourse, votre vie, l'honneur même de votre fille ou de votre femme seront à leur merci : le bruit de la machine et du train en marche couvriront votre voix, les parois matelassées de votre cellule roulante étoufferont vos cris de terreur ou d'agonie.

Sont-ce là de simples hypothèses et faut-il citer des faits à l'appui? Nous n'avons pas besoin, je pense, de parler de tous ces voyageurs trouvés morts à l'arrivée du train et qu'un secours opportun eût pu sauver, non plus que de ces indispositions dont on ne voit d'habitude que le côté comique, mais qui peuvent avoir d'autres conséquences, témoin cet officier de gendarmerie qui se laisse mourir pour ne pas devenir comique.

La rupture des essieux et des bandages de roue est une des causes les plus fréquentes de déraillement, et nous savons que, sur la ligne du Nord, la moyenne annuelle des essieux rompus est de 40 à 50. Un nommé Saunier avait inventé une plaque de garde qui soutient l'essieu rompu et empêche le wagon de dérailler; les Compagnies attendent sans doute, pour adopter son ingénieux système, que le temps pour lequel il a pris son brevet soit expiré et que son invention soit tombée dans le domaine public.

Quelques-uns de mes collègues ont pu se rendre compte, le 23 avril dernier, sur la ligne de l'Est, des dangers que peut amener le mauvais état du matériel et la rupture d'un seul bandage de roue.

L'année dernière, sur une autre ligne, plusieurs voyageurs, se trouvant dans la même situation, furent moins heureux; leur wagon renversé fut traîné quelque temps sur le côté, et le train marchant toujours, ils n'échappèrent à la mort qu'en se tenant suspendus à la force du poignet à la portière du wagon ainsi renversé et ballotté.

Faut-il un autre exemple pour montrer combien, le plus souvent, le mécanicien reste étranger à tout ce qui peut arriver aux voitures du train qu'il est chargé de remorquer.

Le 1er mars dernier, sur la ligne du Nord et non loin de la station de Boves, un bandage de roue de l'avant-dernière voiture d'un train se brise : les deux roues de derrière quittent les rails, et 500 mètres plus loin, arrachées au wagon auquel elles appartenaient, elles sont jetées sous la dernière voiture, qui déraille ainsi que le fourgon placé derrière elle. Plusieurs voyageurs sont blessés ou contusionnés, et l'un d'eux, qui avait le bras cassé, est retiré, à l'aide de cordes, par la portière de la voiture renversée sur le côté.

Le mécanicien continue sa route sans se douter qu'il a perdu un wagon et un fourgon, sans s'apercevoir que la voiture qui a perdu ses deux roues de derrière est traînée sur ses ressorts avec d'horribles secousses, et court à chaque instant risque d'être renversée. — Ce n'est que *trois kilomètres plus loin* qu'il s'arrête et constate que, *par bonheur*, cette dernière voiture ne contient pas de voyageurs.

Le danger est le même en cas d'incendie; nous avions recueilli un certain nombre de faits de ce genre, car bien souvent des fourgons ou des wagons prennent feu en route, soit par suite de l'échauffement des essieux, soit par le fait des flammèches qui s'échappent des locomotives (1). Nous nous bornerons à un seul exemple, que nous empruntons à la *Gazette des Tribunaux* du 19 août 1863 :

« Avant hier, sur le train mixte de Reims à Laon, quatre wagons chargés de marchandises prirent feu ; probablement une étincelle ou un charbon enflammé de la machine ayant été porté par le vent sur la bâche du second de ces wagons.

« L'incendie, activé par un vent assez vif, éclata un peu avant les premières maisons éparses d'Athis, et les voyageurs s'en aperçurent les premiers. — *Ils se pré-cipitèrent aux portières en criant d'arrêter, mais tout d'abord leurs voix ne furent point entendues*, de même que de la machine on n'avait point vu le feu; car une femme qui travaillait dans les champs vit passer le train

---

(1) Nous nous rappelons avoir vu, il y a quelques années, à la gare de Versailles, un wagon dont toute la garniture intérieure avait brûlé, soit par la négligente imprudence de quelque fumeur, soit par le fait des flammèches de la locomotive.

rapidement avec tous les voyageurs qui appelaient au secours, et il ne s'arrêta que plus loin.

« Le feu avait fait alors de rapides progrès, et il fallut en toute hâte séparer les wagons enflammés de ceux des voyageurs, dont le péril était extrême. *Le feu commençait à entamer le wagon des bagages, la fumée à emplir les compartiments, où la chaleur était intense. Un voyageur avait eu son col brûlé par une étincelle, un autre avait sauté au dehors* pendant qu'on serrait les freins, et en avait été heureusement quitte pour une forte contusion à la tête... On fit descendre en toute hâte les voyageurs, pâles et pleins d'une émotion que l'on peut comprendre. »

Quant aux agressions déplorables que le voyageur peut avoir à redouter des compagnons de route avec lesquels il est enfermé, il nous suffirait sans doute de rappeler les assassinats Heppi, Poinsot et Briggs, car les noms de Jud et de Muller sont dans tous les souvenirs. Mais les faits de ce genre sont trop nombreux pour que nous n'en choisissions pas quelques-uns qui méritent d'être mis sous les yeux du public.

En 1862, de Turin à Gênes, quatre brigands montent dans un compartiment; à un moment donné ils se jettent, le poignard à la main, sur les quatre autres voyageurs du compartiment, ils les dévalisent, et, profitant de l'instant où le train ralentit sa marche, ils descendent et parviennent à se soustraire à toutes les recherches.

La même année, un sieur Lecourt, qui était monté à Vernon (Ouest) dans un compartiment où se trouvaient

déjà deux hommes et une jeune fille, se réveille tout à
coup frappé d'un coup de couteau. Il terrasse son agresseur et le contient difficilement, avec l'aide de ses trois
autres compagnons de route, jusqu'à la station de Saint-
Pierre de Louviers. Ce dangereux voyageur était sujet à
des absences mentales. Malgré cette excuse médicale, il
fut condamné à un an de prison par le tribunal correctionnel de Rouen.

Au mois d'août 1864, le *Times* nous donnait le récit
d'un événement à peu près semblable. Un matelot d'une
force herculéenne se précipita tout à coup sur ses compagnons, et un moment on put craindre qu'il ne parvînt
à précipiter l'un d'eux hors du wagon. Ce ne fut qu'après
les plus grands efforts que les quatre autres voyageurs
purent le renverser, le lier et le maintenir ainsi pendant
près de deux heures.

*Tous les efforts des voyageurs pour se faire entendre
des surveillants avaient été inutiles, bien que le bruit de
leurs cris eût fini par répandre l'alarme dans chaque
wagon de proche en proche.*

On se demande, ajoutait le *Times*, ce que dirait un
des directeurs de chemin de fer s'il se trouvait à pareille
fête ? Probablement alors il serait complétement d'avis
qu'il est urgent d'établir un moyen de communication
quelconque entre les voyageurs et les surveillants de
chaque train.

Au mois de juin dernier, le *Temps* racontait ce qui
suit :

« Le 30 avril 1864, à 5 heures du matin, les employés de la gare de Villefranche (Lyon-Méditerranée) trouvèrent sur la voie le cadavre d'un jeune homme de nationalité anglaise. *Après des constatations trop rapidement faites par un médecin de Villefranche, on supposa que le jeune Anglais s'était suicidé, et on l'enterra précipitamment.* Cependant des rumeurs sinistres vinrent donner l'éveil à la justice, qui ordonna l'exhumation du cadavre.

« En détachant la cravate, on remarqua sur le cou des marques bleuâtres indiquant la strangulation. Au poignet, des marques analogues permettaient de supposer qu'une lutte s'était engagée, lutte dont le jeune Anglais aurait été la victime, et qu'un assassin, après avoir comprimé les mouvements du voyageur, *l'avait étranglé, puis fouillé, volé, et en fin de compte jeté par la portière du wagon.* »

Une dernière particularité a levé tous les doutes sur la cause de la mort du voyageur anglais. On n'a pas retrouvé sur lui son billet, qui avait été pris à Paris directement pour Marseille, et la somme de 16 francs que contenait son porte-monnaie n'était pas en proportion avec l'état de fortune présumé de cet infortuné, à en juger par la manière dont il était vêtu. Il avait donc été dépouillé après sa mort.

Faut-il citer des agressions d'un autre genre? Nous les emprunterons à la *Gazette des Tribunaux* des 27 janvier, 6 février et 16 août 1863 :

« Le train parti de Lyon le 22 janvier, à 6 heures 15 minutes du soir, arriva à la gare de Villefranche avec un compartiment ouvert. Là se trouvait une jeune fille de dix-huit ans, les mains liées et presque évanouie; elle était sous l'impression d'une terreur voisine du délire, elle appelait faiblement au secours; mais aux questions qui lui étaient adressées, elle ne répondait que par des monosyllabes.

« A une station dont on ne sait pas le nom, deux prêtres qui étaient dans le même compartiment qu'elle étaient descendus et avaient été remplacés par un homme en blouse de quarante à cinquante ans. Dès que le train fut parti, il se précipita sur la jeune fille, lui lia les mains derrière le dos, et lui boucha la bouche avec du papier. Il se livra à une odieuse passion, puis se mit à la fouiller et lui prit son porte-monnaie contenant 30 francs et une bague en or. Comme le train marchait lentement à cause de nombreuses courbes, il parvint à descendre sans être aperçu, à la faveur de la nuit. »

« Il y a quelques jours (16 août 1863), au moment où le train-poste, arrivé à Évreux à 11 heures du soir, allait repartir, un invividu d'assez mauvaise tournure était monté dans un compartiment de première classe où se trouvait une jeune dame avec un autre· voyageur. Le train venait à peine de se remettre en marche, lorsque l'intrus, s'approchant de la dame, voulut se porter sur elle à des actes de violence, malgré l'intervention du tiers, témoin de cette scène et trop faible pour l'empêcher d'accomplir son odieux dessein.

« Fort heureusement, les cris poussés par la victime de cette odieuse tentative et par son défenseur furent entendus des voyageurs qui se trouvaient dans le wagon voisin. Le sieur Roussel ouvrit la portière et vint en longeant les marchepieds jusqu'au compartiment où la dame, presque à bout de forces, luttait contre son agresseur. Y pénétrant aussitôt, ce libérateur, qui paraît doué d'une énergie et d'une force peu communes, parvint, non sans peine, à terrasser le quidam, cause de ce scandale. Aidé du monsieur et de la dame, il lui attacha les pieds et les mains avec des mouchoirs, et c'est dans cet état que le coupable a été amené à Conches et remis entre les mains de la gendarmerie. »

Que pourrions-nous ajouter à ces récits navrants pour montrer que le système cellulaire actuel est irrévocablement condamné par l'expérience ?

Le remède aux dangers provenant soit du feu, soit de la rupture d'un essieu ou d'une roue n'est pas dans un moyen de communication toujours imparfait entre le conducteur et le mécanicien ; cette communication n'existe jamais au moment opportun ; elle manquait le 23 avril dernier sur la ligne de l'Est, elle manquait à Boves le 1er mars, elle manquait aussi l'année dernière à Pierrefitte.

Le remède aux dangers que court l'honneur de nos femmes ou de nos filles n'est pas dans l'établissement de compartiments réservés aux dames ; nous n'avons qu'à rappeler l'attentat d'Évreux dont nous venons de parler, et à faire remarquer que, si le sauveur est venu de dehors, un agresseur, dans d'autres circonstances, pourrait prendre le même chemin. Si l'on en doutait encore, je rappellerais la condamnation de ce conducteur convaincu d'avoir trois fois abandonné son poste pendant la marche du train, et d'avoir, entre Evron et Laval, commis un outrage public à la pudeur dans un wagon où se trouvait une jeune fille seule.

Le remède aux dangers qui menacent notre bourse et notre vie n'est pas dans une surveillance exercée à l'intérieur, car cette surveillance est souvent impossible avec la construction défectueuse de nos ouvrages d'art, et, dans les meilleures conditions, elle ne peut avoir lieu sans compromettre continuellement l'existence des employés chargés de l'exercer.

Le seul remède efficace est celui-ci : il faut que les compagnies, *bon gré, mal gré*, renoncent à renfermer les voyageurs dans ces boîtes hermétiquement closes, dont ils ne sont jamais sûrs de sortir vivants ; il faut qu'elles modifient leur matériel roulant, et qu'une surveillance incessante puisse s'exercer d'un bout du train à l'autre par un couloir intérieur.

Cette réforme urgente, inéluctable, est-elle possible sans des frais immenses? Et si elle est possible dans des conditions de dépenses raisonnables, le Gouvernement a-t-il le droit d'imposer aux Compagnies cette transformation de leur matériel roulant ?

TRANSFORMATION DU MATÉRIEL ROULANT

Nous avons surabondamment prouvé que les dangers dont les voyageurs sont menacés, dans le train qui les transporte, ne peuvent être conjurés que par un contrôle de route, contrôle qui ne peut s'exercer autrement que par l'établissement d'une communication intérieure entre toutes les voitures d'un train (1).

Il nous reste à montrer que la transformation du matériel roulant des chemins de fer, nécessitée par l'établissement de cette communication si indispensable à la sûreté des voyageurs, peut être accomplie sans imposer aux Compagnies des sacrifices excessifs, et en dernier lieu que cette transformation peut *légalement* être exigée d'elles par le Gouvernement. Certes, ce serait de la déraison que de demander à nos Compagnies de substituer un nouveau matériel, et cela du jour au lendemain, au matériel actuel qui représente peut-être une valeur de plus d'un milliard. Mais on peut vouloir qu'elles modifient ce matériel de manière à répondre le plus tôt possible aux besoins de sécurité que l'expérience a fait connaître, et que chaque jour, au fur et à mesure de l'usure des voitures actuelles, elles remplacent celles-ci par de nouveaux wagons construits de façon à donner complète satisfaction à ces légitimes exigences du public.

Un ingénieur distingué, M. Borde, propose de conserver le matériel actuel et de ne faire subir aux voitures qu'un remaniement intérieur, pour y établir un couloir

---

(1) Le contrôle de route à l'extérieur est inefficace, parce qu'il ne peut s'exercer qu'à de rares intervalles et sur des points déterminés, car l'espace qui existe soit dans l'entre-voie, soit dans le passage des tunnels et des ponts n'est pas suffisant pour permettre la circulation des agents. Dans tous les cas, cette circulation sur les étroits marche-pieds d'un train lancé à grande vitesse met en danger l'existence des contrôleurs, et chaque année, sur nos différentes lignes, il y a un certain nombre de ces agents tués dans l'exercice de leurs pénibles et périlleuses fonctions.

longitudinal et latéral. Ce couloir, par l'application de paljers de communication entre chaque wagon, permettrait la circulation d'un bout du train à l'autre aux employés du contrôle.

« Le passage serait établi sur un des côtés du wagon ; l'espace des compartiments resterait ce qu'il est, seulement le nombre des places de huit serait réduit à six ; au lieu de monter directement dans le compartiment, on traverserait le passage pour y entrer ; les portes des wagons seraient disposées de la même manière que celles d'aujourd'hui ; les mêmes cloisons extérieures et intérieures pourraient servir en partie ; on continuerait à descendre ou à monter de deux côtés de la voiture ; la cloison donnant sur le passage serait fermée par un système à coulisse se maniant aussi facilement qu'une porte à charnières. Les wagons conserveraient leur longueur, les manœuvres de gare seraient tout aussi simples ; les plaques tournantes ne seraient pas changées et tous les avantages de traction que présentent les wagons courts seraient ainsi maintenus. »

Le système de **M.** Borde a du moins cet avantage, de pouvoir dès aujourd'hui, à l'aide d'un remaniement intérieur des wagons, assurer la sécurité publique, en utilisant le matériel actuellement employé sur nos voies ferrées.

Les Compagnies, il est vrai, perdront deux places par compartiment à l'établissement du couloir latéral de **M.** Borde ; mais au fur et à mesure de l'usure de leur matériel, elles s'empresseront avec d'autant plus de hâte de remplacer les anciens wagons à six places par de nouvelles voitures à huit places qui, comme celles de M. Leprovost, par exemple, donneront à la fois satisfaction et à leurs propres intérêts et à ceux du public.

L'année dernière, M. Lafond de Saint-Mûr, au Corps Législatif, et, après lui, M. Goulhot de Saint-Germain, au Sénat, avaient appelé la sérieuse attention du Gouvernement sur les voitures de M. Leprovost, ingénieur civil.

Ces voitures, construites en tôle, sont faites à peu près sur le même modèle que les wagons d'aujourd'hui, et les nouvelles caisses que l'on peut établir sur les châssis des voitures aujourd'hui employées contiennent huit places par compartiment. Un couloir longitudinal, régnant tout le long de chaque voiture et clos de portes se fermant d'elles-mêmes, permet de traverser par le milieu chaque compartiment pour exercer le contrôle de route, et au besoin conduit les voyageurs au water-closet établi à côté de la plate-forme terrasse qui se trouve à l'extrémité de chaque voiture.

Diverses objections, plus ou moins spécieuses, avaient été faites contre ces voitures. M. Goulhot de Saint-Germain a cru devoir les passer en revue devant le Sénat; et, après cet examen, il concluait en disant que le seul reproche à leur faire était de présenter à l'œil un aspect peu gracieux par suite de l'inclinaison donnée aux parois extérieures.

J'ai vu moi-même plusieurs fois le wagon spécimen de M. Leprovost qui, à titre d'essai, a fait plus de 12,000 kilomètres sur la ligne de Strasbourg; et, à part quelques

modifications faciles à apporter soit à la hauteur des
plates-formes extérieures, soit à l'inclinaison des parois,
soit enfin au manque de fermeture entre les compartiments, j'ai trouvé, après tant de gens plus compétents
que moi, que ces voitures réunissaient toutes les conditions de sécurité et de commodité désirables.

Comme on le voit, sans frais excessifs et dès aujour-
d'hui on peut entreprendre la modification des voitures
actuelles par l'adoption du système de M. Borde. Comme
on le voit encore, dans quelques années, la transformation du matériel roulant employé sur nos voies ferrées sera opérée par la substitution de voitures du système Leprovost ou de tout autre analogue (1) aux wagons mis hors de service par l'usure, ou brisés par
accident.

La première des questions qui s'étaient posées à nous
est donc résolue : la transformation du matériel roulant
est possible, sans compromettre la situation financière
des Compagnies.

Il nous reste à répondre à la seconde. Sous l'empire
de la législation actuelle, l'administration a-t-elle le droit
d'imposer aux Compagnies cette transformation?

Le droit de l'administration n'est pas douteux.

Le 6 janvier 1848, la cour suprême cassait un arrêt
de la cour d'Orléans, qui s'était déclarée incompétente

____

(1) M. Borde, que nous avons cité tout à l'heure, demande lui-même
pour les voitures de construction nouvelle à rélargir les caisses, de
manière à conserver aux Compagnies l'avantage des huit places par
compartiment, tout en établissant le long du wagon le couloir
latéral.

pour statuer sur des modifications exigées par l'administration aux voitures de la Compagnie d'Orléans, « sous
prétexte que les modifications dont les voitures auraient
paru susceptibles n'auraient, sous aucun rapport, inté-
ressé la police, la sûreté ou l'exploitation du chemin de
fer, mais auraient uniquement concerné la *commodité*
des voyageurs. »

Il ne s'agissait ici que de la *commodité* des voyageurs,
et cependant la cour de cassation n'hésitait pas à annuler
l'arrêt de la cour d'Orléans, en s'appuyant sur la loi
de 1842, qui a réservé au Gouvernement le droit d'exiger
toutes les modifications que l'expérience indiquerait
comme nécessaires dans l'intérêt de la sûreté, de la police,
de l'usage des chemins de fer ; et en rappelant que l'article 12 de l'ordonnance du 15 novembre 1846 veut que
les voitures destinées au transport des voyageurs soient
*commodes et pourvues de tout ce qui est nécessaire à la
sûreté des voyageurs.*

L'année dernière au Sénat, M. Goulhot de Saint-Germain affirmait, sans pouvoir être contredit, que le système Leprovost pouvait s'adapter au matériel existant
sans qu'il y eût besoin de modifier le cahier des charges
des concessions. Il citait les articles qui obligent les
Compagnies à faire les voitures d'après les meilleurs modèles et de manière à satisfaire aux conditions *réglées ou
à régler.*

« Cette dernière disposition, ajoutait-il, porte dès lors
avec soi la faculté, pour le Gouvernement, de prescrire
les changements que l'expérience lui indique. Or, il n'en
est pas de plus importants ni de plus nécessaires que

ceux qui ont pour objet d'organiser une police vigilante et de garantir ainsi la sûreté des voyageurs. »

Le droit du Gouvernement est donc incontestable et incontesté ; c'est encore un point établi maintenant, et cette question était la dernière de celles que nous avions à résoudre.

Ainsi, pour nous résumer en quelques mots, l'abandon du système actuel, du système des prisons cellulaires, est impérieusement réclamé par les besoins de la sécurité publique ; la transformation du matériel actuel nécessitée par cet abandon est possible sans dépenses exagérées ; cette transformation nécessaire peut être *légalement* imposée dès aujourd'hui aux Compagnies ; à cet égard le pouvoir du Gouvernement est entier et absolu.

En montrant au public ce qu'exige le soin de sa sûreté, en rappelant à l'administration quelle est l'étenduc de son pouvoir sur ces Compagnies puissantes et hautaines, dont les chefs semblent vouloir traiter d'égal à égal avec le Gouvernement, nous croyons avoir rempli un devoir. Notre tâche, à nous, finit ici. *Caveant consules !*

ORGANISATION DU CONTROLE

Nous savons maintenant quelle est la puissance de fait, sinon de droit, de ces Compagnies de chemins de fer, et ayant vu quelle position est faite aux ingénieurs en chef de qui relèvent tous les autres agents du contrôle, on doit s'attendre déjà à tout ce que nous avons à dire des employés subalternes d'une administration ainsi émasculée et moralement décapitée.

Mais il nous reste à faire connaitre les rouages divers de cette savante machine destinée à donner une apparente satisfaction aux légitimes exigences du public, sans gêner en rien la liberté d'user et d'abuser des Compagnies.

Le contrôle et la surveillance des chemins de fer sont placés sous la haute direction du ministre des travaux publics, et les dépenses de ce service sont prélevées sur les Compagnies que la loi frappe d'un impôt de 120 fr. par kilomètre exploité, et de 50 fr. par kilomètre concédé.

Auprès du ministre, et présidé par lui, siége un comité consultatif de vingt-neuf membres, parmi lesquels on compte sept inspecteurs généraux des mines et des ponts, et six inspecteurs généraux des chemins de fer ; c'est à ce comité qu'est réservée la solution de presque toutes les questions relatives aux Compagnies de chemins de fer (1).

Les six inspecteurs généraux des chemins de fer qui font partie de ce comité constituent à eux six une commission permanente sans attributions bien définies et

______

(1) Au nombre de ces sept inspecteurs généraux des ponts et chaussées et des mines, nous trouvons le directeur général des ponts et chaussées et des chemins de fer et le secrétaire général du ministère des travaux publics. — N'est-il pas utile de rappeler ici que les directeurs des Compagnies de l'Ouest et d'Orléans sont deux inspecteurs généraux des ponts et chaussées, et que la Compagnie de l'Est, qui a pour directeur un ingénieur des mines, compte aussi parmi ses administrateurs un inspecteur général des ponts et chaussées?

sans rôle actif ; car, si nous sommes bien renseigné, les agents du contrôle ne connaîtraient encore aujourd'hui que par ouï-dire l'existence de cette commission de création assez récente.

Viennent ensuite 16 ingénieurs en chef du contrôle, 49 ingénieurs ordinaires des ponts et des mines, 63 conducteurs des ponts et 36 garde-mines, 8 inspecteurs principaux de l'exploitation commerciale, 14 inspecteurs particuliers de cette exploitation, et enfin 290 commissaires de surveillance (1).

Pour chaque ligne, le contrôle est composé :

1° D'un ingénieur en chef concentrant entre ses mains toutes les attributions distinctes du service et correspondant seul avec le ministre ;

2° D'un ingénieur ordinaire des ponts et chaussées, chargé de la surveillance de la voie, des travaux d'art, etc., et d'un ou de plusieurs conducteurs ;

3° D'un ingénieur ordinaire des mines, chargé de tout ce qui a rapport à la surveillance technique, des machines, du matériel, etc., et d'un ou deux gardes-mines ;

4° D'un inspecteur principal et d'un ou de plusieurs inspecteurs particuliers de l'exploitation commerciale chargés de surveiller l'exécution des traités et l'application des tarifs.

(1) Nous donnons ces indications incomplètes d'après l'*Annuaire-Chaix pour* 1863-1864 ; d'après l'*Annuaire des travaux publics pour* 1864, nous voyons que le nombre des commissaires de surveillance était déjà de plus de 300 au 1er janvier 1864, et il y a eu plus d'une promotion depuis ce temps. — Divisés en quatre classes, les commissaires, suivant leur classe, touchent de 1,500 à 3,000 fr.

5° De commissaires de surveillance administrative en plus ou moins grand nombre, chargés de surveiller les gares et stations comprises dans le parcours qui leur est attribué, et de dresser procès-verbal des contraventions aux règlements, des accidents, etc.

Pour chaque ligne, c'est l'ingénieur en chef du contrôle qui résume en lui tous les pouvoirs, qui centralise en ses mains tous les services; nous avons vu dans quelle position d'infériorité impuissante il se trouve placé vis-à-vis des agents des Compagnies qu'il est appelé à surveiller.

Les révélations de M. Bisson ont montré les conséquences d'une telle organisation en ce qui concerne la surveillance relevant des ingénieurs ordinaires, et nous-même, nous avons donné, prises en mille, quelques preuves de l'absence de surveillance administrative, commerciale et judiciaire, surveillance pour laquelle on peut contester à bon droit la compétence d'un ingénieur en chef des mines ou des ponts et chaussées. C'est cette partie du contrôle sur laquelle nous croyons devoir nous étendre un peu longuement aujourd'hui.

Dans ce service, entre l'ingénieur en chef du contrôle et les commissaires de surveillance administrative, nous trouvons les inspecteurs généraux et particuliers de l'exploitation commerciale, dont l'utilité ne nous est pas plus démontrée que celle de la Commission permanente des six inspecteurs généraux des chemins de fer (1). Ces

---

(1) Chacun des six inspecteurs généraux est payé 15,000 fr.; les huit inspecteurs principaux touchent chacun 8,000 fr.; les quatorze inspecteurs particuliers chacun 5,500 fr.

fonctionnaires, nommés sans aucune condition d'aptitude, de savoir et de hiérarchie, sont pour la plupart
complétement étrangers aux délicates et complexes ma-
tières qu'ils ont à traiter. Ils transmettent à l'ingénieur
du contrôle les rapports qu'ils reçoivent des commissaires de surveillance; ils sont consultés sur tel ou tel
point, quand on ne préfère pas leur donner simplement
des ordres, et, comme ils ne peuvent jamais rien décider par eux-mêmes, ils ne sont véritablement qu'un
rouage inutile servant à multiplier les écritures et à
retarder la solution des questions.

Les commissaires de surveillance administrative, dont
la position est si précaire, dont le rôle est si effacé aujourd'hui, sont, quoique placés au dernier échelon de la
hiérarchie, la cheville ouvrière de l'organisation du contrôle. Leurs fonctions exigeraient des connaissances com-
merciales, administratives et judiciaires assez approfon-
dies, et leur rôle serait d'être l'œil de l'administration
toujours ouvert sur les agissements des Compagnies.

Celles-ci ont bien senti que là pouvait être le danger
pour l'omnipotence qu'elles rêvaient, et, dès les premiers
temps de leur existence, elles n'ont songé qu'à amoin-
drir de plus en plus, sans la détruire nominalement, cette
utile institution, seule sauvegarde du public. M. Magne,
lors de son passage au ministère des travaux publics,
avait compris qu'il fallait composer d'hommes honora-
bles et éclairés le personnel des commissaires de surveillance, et le 27 mars 1851 il promulguait dans ce
but un arrêté en forme de règlement d'administration
publique. Cet arrêté hiérarchisait le service, établissait

les conditions d'avancement et de nomination des commissaires, et donnait le programme de l'examen écrit et oral qu'une commission nommée par le ministre devait faire subir aux candidats, dont on exigeait au préalable de sévères justifications de moralité (1).

Les examens eurent lieu ; 250 ou 300 candidats se présentèrent, et une cinquantaine furent déclarés admissibles ; mais 10 à 12 d'entre eux seulement devaient profiter du résultat heureux de leur examen et être admis à faire partie des commissaires de surveillance.

En effet, les Compagnies n'avaient pu se dissimuler que leur liberté d'user et d'abuser serait sérieusement menacée le jour où elles se trouveraient en présence d'agents munis d'un brevet de capacité et de moralité, hiérarchisés et assurés d'obtenir un avancement mérité en s'acquittant consciencieusement de leurs devoirs. — Aussi, dès le 27 mars 1852, avaient-elles obtenu du Gou-

---

(1) Les candidats devaient fournir :

1º Un acte de naissance destiné à constater que le candidat avait atteint l'âge de 25 ans ;

2º Un certificat de bonne vie et mœurs ;

3º Des attestations propres à établir leurs antécédents, comme brevets, diplômes, états de service, congés, etc.

Les examens étaient publics.

Les épreuves écrites comprenaient :

Une dictée, écriture nette et très-lisible, orthographe correcte ;

La rédaction d'un procès-verbal sur une affaire de service ;

Un état ou tableau dressé d'après des éléments donnés.

Les épreuves orales portaient sur :

L'arithmétique, y compris la théorie des proportions ;

Le système légal des poids et mesures ;

Les éléments de comptabilité commerciale.

vernement l'abrogation de l'arrêté de **M.** Magne, sous
prétexte que l'aptitude et le savoir n'étaient pas les seuls
éléments du choix des fonctionnaires, sous prétexte aussi
que le brevet d'admissibilité délivré par les commissions
d'examen était une entrave à l'exercice du pouvoir mi-
nistériel.

Depuis ce jour le ministère a pu tout ce qu'il a voulu ;
il a pu appeler à remplir les fonctions de commissaires
de surveillance ou des sexagénaires ignorants et incapables, ou des jeunes gens à peine majeurs, sans nulle
aptitude, et au besoin sans aucune moralité ; ces candidats qu'il nommait au gré de son caprice, il a pu,
sans blesser aucune prescription de hiérarchie, les faire
commissaires de 4ᵉ ou de 3ᵉ classe, ou les élever d'em-
blée à la 1ʳᵉ classe ; il a pu encore, en l'absence de toute
restriction légale, multiplier les places de commissaires,
non-seulement sur les mêmes lignes, mais encore dans
les mêmes gares, en consultant, non pas les besoins du
service, mais bien le nombre des exigences qu'il pouvait
avoir à satisfaire (1). Qu'en est-il advenu ?

L'incapacité du plus grand nombre, la déconsidération de quelques-uns ont rejailli sur le corps tout entier
des commissaires de surveillance des chemins de fer, et
cette précieuse institution languit aujourd'ui, impuissante et sans force, obligée d'accepter comme suprême

(1) Voici un des considérants de l'arrêté du 28 juillet 1848 insti-
tuant les commissaires de surveillance : « Considérant que *le personnel*
des agents spéciaux, commissaires de police et agents de surveillance
préposés à la police de l'exploitation des chemins de fer *excède les
besoins du service.* »

humiliation la protection dédaigneuse des Compagnies.

Les ingénieurs du contrôle ont profité de cette situation pour enlever aux commissaires, sous prétexte d'incapacité, toute initiative et toute indépendance (1).

Le public, dont ils doivent écouter les réclamations, sans pouvoir lui faire rendre justice autrement qu'en en référant à l'ingénieur du contrôle, les regarde presque comme des ennemis ou du moins comme des agents de la Compagnie ; et cette opinion est tellement répandue que, dans un procès assez récent, un commissaire de surveillance appelé en témoignage se croyait obligé de déclarer, avant de déposer, qu'il n'était pas un agent au service de la Compagnie du chemin de fer.

Les préfets des départements traversés par les chemins de fer et le préfet de police de la Seine ont eu si souvent à se plaindre de ces fonctionnaires, qu'ils ont de-

---

(1) En leur accordant ou en leur refusant, sans motiver leur décision, des indemnités ou des gratifications, les ingénieurs peuvent étouffer chez les commissaires de surveillance, si mal rétribués, jusqu'à la dernière velléité d'indépendance, au cas qu'elle pût encore exister. Voici du reste à quel point d'impuissance en sont réduits les commissaires de surveillance :

Il y a peu de jours, un de ces fonctionnaires, arrivant du midi de la France, d'une ville que je nommerai pas, me disait : « Quand des voyageurs viennent se plaindre à moi, je ne puis leur faire rendre justice, car mon seul droit est de transmettre leurs réclamations à mon ingénieur, qui souvent ne daigne pas me répondre. D'abord je me suis adressé à mon chef de gare ou à l'employé dont on réclamait en vain justice ; cette intervention ne m'a valu que des affronts restés impunis et de mauvaises notes de mes chefs. Depuis, je me suis résigné, j'ai laissé faire, j'ai laissé passer ; j'ai eu de bonnes notes de mes chefs et j'ai même reçu des gratifications. »

mandé et obtenu la création de Commissaires spéciaux de police dans les gares où se trouvent déjà nommés trois, quatre et cinq Commissaires de surveillance administrative. Qu'on ne s'effraye pas trop, du reste, de cette agglomération apparente de tant de fonctionnaires du même ordre ; les Commissaires de surveillance, n'étant pas logés dans les gares, ne paraissent que quelques heures à leur bureau ; d'autres n'y paraissent jamais, et l'on m'a cité telles et telles gares pourvues de trois ou quatre Commissaires qui n'en avaient jamais vu qu'un seul et ne le voyaient pas encore tous les jours.

Le fait le plus curieux que j'ai recueilli est celui-ci. Il y avait, à une gare importante des environs de Paris, un Commissaire de surveillance que les employés eux-mêmes connaissaient à peine. Un inspecteur, qui n'avait jamais réussi à le trouver à son poste, se lasse un beau jour, fait forcer la boîte du bureau de surveillance et y trouve encore cachetés tous les ordres de service, toutes les dépêches adressées à ce fonctionnaire depuis plusieurs mois.

Comme on le voit, la création des commissaires spéciaux de police n'est pas une superfétation dans l'état actuel des choses, et c'est à ces fonctionnaires que s'adressent aujourd'hui, par-dessus la tête des Commissaires de surveillance, et le public, et les membres du parquet, lorsqu'ils ont quelques renseignements à demander ou quand ils ont besoin, pour un accident, d'un procès-verbal sérieux et détaillé (1).

____

(1) Cette double organisation a l'inconvénient d'amener des conflits

L'insuffisance du plus grand nombre est donc un fait notoire, et si sur les 290 ou 300 Commissaires de surveillance qui nous sont connus aujourd'hui, il y a 85 anciens officiers ou sous-officiers dont la moralité est incontestable, il en est malheureusement quelques autres qui ne jouissent pas d'une considération aussi complète ; il y en a même *au moins deux* qui ne nous semblent pas dignes de conserver les fonctions qui leur sont confiées.

L'Époque a donné, il y a quelques jours, le récit des mésaventures d'un voyageur, M. Callet, avocat et docteur en droit. Ce voyageur, au moment où il voulait descendre, surpris sur le marchepied par un brusque mouvement de recul de la machine, avait été précipité sur la voie et blessé assez grièvement à la jambe. La cour de Besançon, par un arrêt du 8 avril dernier, a reconnu que, conformément aux déclarations des témoins de l'enquête, la Compagnie avait des torts graves à se reprocher, et elle l'a condamnée à 7,000 fr. de dommages et intérêts, ainsi qu'aux frais de première instance et d'appel.

Les deux Commissaires de surveillance de la gare où l'accident était arrivé n'avaient dressé aucun procès-verbal, et, entendus dans la contre-enquête, ils avaient affirmé que M. Callet était en état d'ivresse, que le choc produit par la machine avait été insensible et avait eu

---

de pouvoirs, et les voyageurs sont souvent renvoyés de Ponce à Pilate quand ils ont une réclamation à faire. En effet, ils ne savent souvent pas s'ils ont à se plaindre d'un fait d'exploitation ou d'un délit de droit commun, s'ils doivent s'adresser au commissaire de surveillance ou au commissaire spécial.

lieu alors que toutes les portières étaient fermées, que
les contusions de M. Callet étaient fort légères et sans
importance; qu'aucune faute ne pouvait être reprochée à
la Compagnie, et qu'au contraire, l'un d'eux avait failli
dresser procès-verbal contre la victime pour avoir voulu
monter dans un train en marche.

Cinq témoins entendus dans l'enquête, le gendarme de
service à la station et un ministre protestant entre autres,
déclaraient, au contraire, unanimement : que Callet
n'était pas en état d'ivresse, que le choc avait été très-
violent et avait eu lieu alors que la plupart des portières
étaient ouvertes, que les contusions de M. Callet étaient
graves (dix mois après l'accident il était encore loin d'être
rétabli). Quant à la faute de la Compagnie, elle a été
reconnue par la Cour de Besançon, et elle paraissait tellement évidente au gendarme de service qu'il voulait, lui
aussi, dresser procès-verbal, non pas contre la victime,
mais contre la Compagnie.

En présence de pareilles contradictions, M. Callet a,
le 12 décembre dernier, porté une plainte en faux témoignage contre les deux Commissaires de surveillance, et
cette plainte doit être aux mains du ministre de la
justice.

C'est sans doute à tort que l'insuffisance du plus grand
nombre et la déconsidération de quelques-uns ont rejailli
sur le corps tout entier ; mais la création *nécessaire* de
Commissaires spéciaux de police a été, en quelque sorte,
la déclaration officielle de la déchéance morale des agents
du contrôle.

Nous avions donc raison de dire qu'aujourd'hui le

contrôle n'existait plus que de nom, et qu'avec son organisation ingénieuse il n'était entre les mains des Compagnies qu'une apparente et menteuse satisfaction donnée aux légitimes exigences du public et de l'administration.

Quelle organisation conviendrait-il de lui donner pour qu'il devînt aussi sérieux qu'il est illusoire? Nous proposerions de revenir à peu près à l'organisation primitive, brisée par un décret du pouvoir exécutif en 1848.

L'étude des lignes à établir et les travaux neufs à entreprendre resteraient seuls au ministre des travaux publics.

Tous les services de contrôle et de surveillance seraient centralisés entre les mains d'un directeur général de l'exploitation des chemins de fer, relevant du ministère de l'intérieur.

A la tête du contrôle de chaque Compagnie seraient placés, avec le titre de Commissaires généraux du contrôle, de hauts fonctionnaires, des conseillers d'État par exemple, qui cumuleraient les fonctions remplies aujourd'hui par les ingénieurs en chef du contrôle, et par les inspecteurs principaux de l'exploitation commerciale, et de qui relèveraient tous les autres agents du contrôle.

Sous leurs ordres seraient placés :

1° Les ingénieurs ordinaires des ponts et chaussées et des mines et leurs agents auxiliaires chargés de la surveillance technique ;

2° Des inspecteurs du mouvement chargés de surveiller sur toute la ligne et dans toutes les gares l'exécution des règlements, l'application des tarifs, la manière dont les Commissaires de surveillance s'acquitteraient de leurs fonctions (1);

3° Des Commissaires de surveillance, dont le nombre serait fixé d'après les seuls besoins du service, mais assistés au besoin d'agents de surveillance; ils pourraient être pris soit parmi les Commissaires de surveillance actuels qui auraient des titres sérieux à la conservation de leur emploi, soit parmi les Commissaires spéciaux de police. Il faudrait en outre, pour assurer leur indépendance, élever le chiffre dérisoire de leur traitement, les déclarer auxiliaires des parquets, et à l'avenir soumettre l'avancement et la nomination des nouveaux Commissaires aux conditions posées par le remarquable arrêté de M. Magne.

Si en même temps qu'on décrétera cette réorganisation du contrôle, on met en demeure d'opter entre le service des Compagnies et celui de l'État les ingénieurs en congé illimité qui, *au nombre de quatre-vingt-douze*, sont aujourd'hui employés par celles-ci sans perdre leur titre ni leurs droits à la retraite, je crois qu'on sera arrivé à rendre notre contrôle sérieux et efficace. Si, au contraire, on veut prolonger une situation impossible, notre contrôle, si nul aujourd'hui, deviendra bientôt encore plus nul s'il est possible, et les partisans de la liberté *comme en Amérique* n'auront plus rien à regretter en France. Cette réorganisation, qu'une étude approfondie de la question nous a montrée être si urgente, dès aujourd'hui

(1) Sans ces inspecteurs ambulants, circulant sans cesse sur toutes les lignes, le contrôle des chemins de fer ne peut être une réalité.

nous la soumettons à l'appréciation de l'opinion publique.

Bientôt nous demanderons au Corps Législatif de décider entre nous et le Rapporteur de la Commission du budget, qui trouve que l'organisation actuelle du contrôle est une organisation rationnelle répondant à tous les besoins et pense « qu'examinés de près les faits allégués pour en démontrer le vice perdent toute signification sérieuse. »

Baron DE JANZÉ, Député.

Paris, 25 mai 1865.

FIN

Paris. — Imp. POUPART-DAVYL et Cᵉ, rue du Bac, 30.

www.ingramcontent.com/pod-product-compliance
Ingram Content Group UK Ltd.
Pitfield, Milton Keynes, MK11 3LW, UK
UKHW021629170726
13836UKWH00005B/2126